أرشيفات المركز الدولي للدراسات والاستشارات والتوثيق - مداد (مصر)

الجزء الثالث

ملفات الشيعة السعوديين (3)

(أكثر من أربعين ألف كلمة)

إشراف: ممدوح الشيخ

الكتاب: أرشيفات المركز الدولي للدراسات والاستشارات والتوثيق – مداد (مصر) – الجزء 3

إشراف: ممدوح الشيخ

**3**

<u>هذه السلسلة</u>

هذا الكتاب هو الإصدار الثالث من سلسلة "أرشيفات المركز الدولي للدراسات والاستشارت والتوثيق — مداد (مصر)"، وستصدر بمشيئة الله بالتتابع في ملفات مقسمة بحسب موضوعاتها. وهي خدمة نقدمها للباحثين والمؤسسات الأكاديمية والبحثية المهتمة بمختلف القضايا العربية.

ولاحقاً بإذن الله نستكمل الموضوع الأول "السعويون الشيعة"، ثم نوالي بمشيئته سبحانه وتعالى نشر ملفات قضايا أخرى منها: الهوية، الدولة، الجنس والجسد، ما بعد الدولة، ..... وعشرات القضايا الأخرى. كما ستتضمن ملفاتنا شخصيات وتشكيلات حضارية وثقافية.

والمادة منتقاة بعناية وموثقة.

ويمكن التواصل مع المركز في شأن طلب ملفات بعينها عبر البريد:

mmshikh@hotmail.com.

كما يسعدنا تلقي ملاحظاتكم.


نسأل الله أن ينفع بها

مدير المركز (المشرف على السلسلة)

ممدوح الشيخ

## الإسلام السياسي السعودي الشيعي (1)

على الرغم من أن تاريخ التشيع في الجزيرة العربية يعود إلى القرن الإسلامي الأول ، إلا أن الإسلام السياسي الشيعي في المملكة العربية السعودية لم يتبلور إلا أواسط سبعينات القرن الماضي (1975) ، حيث تم تشكيل أول حركة سياسية إصلاحية ذات جذور إسلامية ، تدرجت في العمل بشكل مرحلي بدأ من المطالبة بحقوق الشيعة والاعتراف بهويتهم المذهبية والتوعية الثقافية النهضوية ، ومرورا بمناهضة التمييز الطائفي الذي يتعرضون إليه لتتم مساواتهم مع نظرائهم في الوطن ، ومن ثم المطالبة بحزمة من الإصلاحات السياسية والاجتماعية والاقتصادية ذات الطابع الوطني ، مع شركائهم الإصلاحيين في الوطن.

ويشكل السكان الشيعة في المملكة البالغ عددهم قرابة 2 مليون ، ما بين 10 - 15 بالمائة من إجمالي عدد السكان في العربية السعودية [1]، ويعيش معظمهم في المنطقة الشرقية ، التي يهيمنون عليها ديموغرافياً حيث توجد اكبر حقول النفط ومصافي تكرير النفط الغنية. واتجه عدد منهم للإقامة في الدمام

عاصمة المنطقة الشرقية وأكبر مدنها ، أما الغالبية الساحقة منهم فتعيش في الأرياف والقرى ضمن واحتين كبيرتين، القطيف والأحساء[2] ، كما توجد تجمعات شيعية في مكة والمدينة إضافة إلى أتباع المذهب الاسماعيلي[3] في منطقة نجران النائية على الحدود اليمنية.

ويقدر بعض المواطنين الشيعة في السعودية أن عدد سكان المنطقة الشرقية يفوق نصف المليون نسمة ، في حين يقدر البعض أن عدد الشيعة في السعودية يقدر بثلاثة ملايين ونصف المليون. ونظراً لغياب الإحصاءات الدقيقة والحديثة عن عدد الشيعة الحقيقي في السعودية هناك تضارب في التقديرات.

ومنذ القرن الرابع عشر وحتى مطلع القرن العشرين ، وقع الشيعة في الجزيرة العربية ، فعلياً ، تحت هيمنة خارجية مستمرة باستثناء ثلاثة أرباع القرن السادس عشر أبان التواجد البرتغالي بالمنطقة ، ما يعني بطبيعة الحال الوقوع باستمرار تحت هيمنة سنية دخيلة[4]. ظل معها التشيع مع ذلك القوة الروحية السائدة.

في العام 1913 استولى ابن سعود على المنطقة الشرقية منتزعا السلطة من حكامها العثمانيين ، ليضم المنطقة إلى ما سيعرف لاحقاً بالمملكة العربية السعودية. وبدافع من رغبات اقتصادية وسياسية بالدرجة الأساس اعتمد ابن سعود في تقوية سلطته وبشكل كبير على "الإخوان" المتشددين الدينيين

المتحمسين والمقاتلين القبليين [5]، وجوهر عقيدة "الإخوان" كان الدعوة للجهاد، خاصة ضد الكفار والمرتدين، والذين من ضمنهم وأبرزهم الشيعة، ولقد مارس "الإخوان" ضغوطاً كبيرة على الملك القادم، عبد العزيز، للعمل على إجبار الشيعة على تغيير عقائدهم الدينية بالقوة أو قتلهم، وكان رفض عبد العزيز هذا واحداً من أسباب ثورة "الإخوان" عليه في 1926 والتي سحقها ابن سعود في نهاية الأمر. ومع ذلك اتجه الإخوان لأخذ زمام المبادرة بأيديهم والشروع بقتل الشيعة بأعداد كبيرة وإن لم تكن أرقامها متوفرة.

ومنذ تأسيسها في عام 1932 سعت المملكة بكل السبل لتهدئة قلق الأقلية الشيعية، وبتشجيع من الحكام الجدد تدفق على المنطقة الشرقية الآلاف من المستوطنين السُنة وأصحاب المطامح التجارية من نجد والقصيم، وساعد ذلك في قيام مدن ومراكز تجارية جديدة نادراً ما أفادت الشيعة. وقوض هذا التدفق التجارة القديمة ومنظومة الزراعة التي حافظت تقليدياً وباستمرار على الاقتصاد والمجتمع المحلي. والأهم من ذلك هو تجاهل المستوطنين السنة والتجار الزائرين لرجال الأعمال المحليين الشيعة، مقتصرين بدلاً عن ذلك في تبادلهم التجاري على نظرائهم العقائديين من المنطقة الوسطى والغربية [6].

وكانت الأقلية الشيعية في السعودية هدفا للتحريض الطائفي منذ تأسيس المملكة عام 1932. وتعد معضلة التمييز الطائفي من أكبر المشاكل التي يعاني منها الشيعة في المملكة ، لذلك ظل الشيعة ، وعلى مدى تاريخ البلاد ، مهمشين وغير فاعلين ، إلى أن حفزت أحداث 1979 في الجارة إيران الزعماء الشيعة في السعودية واستجابة لمشاعر الاضطهاد الديني لتحريك الشباب تحت شعار التحدي المباشر للنظام ، لتنطلق بذلك الشرارة الأولى للعصيان المدني الشامل. في مرحلة استمرت أقل من عقد من الزمان ، ونتيجة للرد الشرس للدولة ظلت أحداثها باقية في وجدان الذاكرة الجماعية[7].

ويغلب على المواطنين الشيعة في السعودية الاتجاه التقليدي المحافظ ، في حين أن أصحاب الميول السياسية والاهتمام بالشأن العام لا يشكلون إلا نسبة ضئيلة جدا من مجموع الشيعة في المملكة ، ولذلك صار التركيز بصورة أكبر على كل ما يرتبط بحماية عقائدهم وحفظ هويتهم المذهبية ، تبلور ذلك في محافظة رجال الدين وأنصارهم باستمرار على مؤسسات دينية مهمة ، كالمساجد والحسينيات ،[8] وحتى مجيء الحكم السعودي واظب الشيعة على إقامة شعائر عاشوراء السنوية بحرية عبر مواكب العزاء العامة في ذكرى استشهاد الإمام الحسين ، وعلى غرار ذلك وحتى منتصف القرن العشرين كانوا يتابعون دراساتهم

الدينية في الحوزات المحلية تحت إشراف رجال الدين الكبار وبدعم من أموال الخمس المحلية[9]. ونظراً لقلة المنشغلين بالشأن السياسي، لم يجر التركيز كثيراً على الجوانب ذات البعد السياسي والوطني إلا في الثلاثة العقود الأخيرة. وظلت الروابط بالمجتمعات الشيعية في الخارج من خلال السفر كطلاب علوم دينية وكعلماء يتطلعون لمواصلة دراساتهم الدينية. وبالنظر لمدى الروابط القائمة مع العراق كان يطلق على الحوزة القطيفية بالنجف الصغرى حتى الأربعينات[10].

في الوقت الراهن لا يتبع الشيعة الإمامية في السعودية، مرجعية دينية واحدة؛ فمنهم من يقلد آية الله علي السيستاني في العراق، ومنهم من يقلد آية الله صادق الشيرازي في قم، ومنهم من يقلد المرشد الأعلى للجمهورية الإسلامية الإيرانية آية الله علي خامنئي، ومنهم من يقلد آية الله محمد تقي المدرسي في كربلاء، أو غيرهم من فقهاء الشيعة.

وتتسم العلاقة بين الشيعة والسلطة في المملكة في معظم الأوقات بالقطيعة والتوجس، بل هي في حالة توتر دائم. وقد شهدت العلاقة المتبادلة في العقود الثلاثة والنصف الماضية، رغم الجهود التي بذلت مؤخراً لترميمها، شد وتصعيد بين الطرفين بسبب مجموعة من الأحداث، كان أبرزها ثلاثة:

1 – الانتفاضة الأولى (انتفاضة محرم عام 1400هـ)، حيث قام الشيعة المقيمون في المنطقة الشرقية بانتفاضة في شهر محرم الحرام عام 1979م، بعد نجاح الثورة الإسلامية في إيران. والانتفاضة هي عبارة مجموعة مواجهات حدثت بين أبناء محافظة القطيف وقراها والاحساء وبين قوات الحرس الوطني السعودي، بدأت الأحداث في اليوم السادس من محرم الموافق 25 نوفمبر وانتهت في اليوم العاشر من محرم الموافق 29 نوفمبر، وانتهت الانتفاضة بقتل أكثر من 20 متظاهر وبقمع المطالبات التي برزت آنذاك ومن ثم إعادة السيطرة على المنطقة. وكانت هذه الأحداث متزامنة مع حادثة جهيمان الشهيرة (الحرم المكي).

2 – أحداث البقيع عام 2009م، وهي عبارة عن مواجهات حدثت بين 20 و24 فبراير، في المدينة المنورة بين متظاهرين شيعة وقوات الأمن السعودية ومن بينهم رجال هيئة الأمر بالمعروف والنهي عن المنكر، أمام مقبرة البقيع، بسبب تصوير أحد رجال الهيئة للزائرات الشيعيات. وفسر هذا الحدث، على أنه نتيجة للاحتقان الذي يعيشه الشيعية، بسبب ما يتعرضون له من حرمان وتهميش وتضييق أثناء ممارستهم الدينية، خصوصاً الطقوس المرتبطة بزيارة رموزهم الدينية.

3 – الانتفاضة الثانية، التي شهدتها المنطقة الشرقية بعد اندلاع ثورات الربيع العربي 2011م ولازالت إرهاصاتها قائمة حتى

اللحظة الراهنة. وقد بدأت مجموعة من الاحتجاجات المتفرقة في المنطقة الشرقية يوم الخميس 3 مارس/ آذار، متأثرة بموجة الاحتجاجات العارمة التي اندلعت في الوطن العربي، وبخاصة الثورة التونسية وثورة 25 يناير المصرية اللتين أطاحتا بالرئيس التونسي زين العابدين بن علي والرئيس المصري حسني مبارك، وكذلك الثورة البحرينية التي لم يتمكن البحرينيون من إسقاط النظام بسبب تدخل درع الجزيرة. وقاد هذه الاحتجاجات مجموعة من الشبان السعوديين الشيعة للمطالبة بإطلاق السجناء التسعة المنسيون وبإجراءات إصلاحات سياسية واقتصادية واجتماعية.

تلك المحطات الثلاث، التي صاحبها قتل لبعض المحتجين واعتقال ومداهمات لمنازل بعض الناشطين مضافاً إلى حظرهم عن السفر، كرست حالة الخصومة السياسية بين النظام والشيعة، كما زادت من درجة التوتر والقلق المتبادل، وخلفت جواً طائفياً مقيتاً أصبح الشيعة هم الطرف الأكثر تضرراً منه.([1])

**الهوامش:**

([1]) الإسلام السياسي السعودي الشيعي(1) – محمد الشيوخ – موقع مؤسسة النور للثقافة والإعلام – 9/ 5/ 2013 – الرابط:

http://www.alnoor.se/article.asp?id=199994

[1] لا يوجد هنالك أرقام يمكن التعويل عليها فيما يتعلق بالأقليات، ووفقاً للإحصاء الحكومي للسكان في 2004، بلغ إجمالي عدد السعوديين 22.670.000 بينهم 16.529.302 مواطن. وهناك بين 10 إلى 15 بالمائة من الشيعة الإمامية "الاثنى عشرية"، وهم غالبية الشيعة ويعتقدون باثني عشر إماما، وأن مرشدهم الروحي الأعلى وسليل النبي، احتجب عن الأنظار في القرن التاسع. لمعرفة لمحة عن الجدل الشيعي السني، راجع: تقرير مجموعة الأزمات الدولية بالشرق الأوسط وشمال شرق أفريقيا، رقم 37، "فهم الإسلاميين" 2 مارس 2005، الصفحات 18 – 19.

[2] القطيف: اسم لمدينة متوسطة الحجم، وهي واحة تضم العديد من القرى الصغيرة، تقع على بعد 40 كيلومتر تقريباً شمال الدمام، محاطة بالبلدات والقرى الأصغر، والأكبر منها بكثير واحة الأحساء وتبعد 125 كيلومتر جنوباً عن القطيف، وبالإضافة إلى العشرات من القرى التي يغلب عليها الشيعة والتي تحيط بواحة النحيل هذه، في الأحساء كذلك مدينتين كبريين هما الهفوف والمبرز، ويضمان خليطا من السنة والشيعة.

[3] الإسماعيلية أو "السبعية": يعتقدون بإسماعيل "الابن الأكبر للإمام السادس جعفر" باعتباره الإمام السابع، وأن سلالة الأئمة مستمرة من خلاله إلى وقتنا الحاضر؛ والإمام الذي يعود إليه القطاع الأكبر من الإسماعيلية الآن هو الآغا خان، وهو الإمام الـ 49 من سلالة النبي محمد. تقرير مجموعة الأزمات الدولية "فهم الإسلاميين"، 2 مارس 2005، الصفحات 18 - 19.

[4] جوان كول، البعد الروحي والحرب المقدسة (نيويورك، 2001).

[5] لا يجب الخلط بين "الإخوان" و"جماعة الإخوان المسلمين" التي ظهرت في مصر 1928. وبالرغم من ذلك حظيت جماعة الإخوان المسلمين بشعبية في العربية السعودية في فترة ما بعد الستينات. أما "الإخوان" الأوائل فكانوا قوات قبلية تابعة للملك عبد العزيز.

[6] تقرير الشرق الأوسط رقم (45)، المسألة الشيعية في العربية السعودية، 19 سبتمبر 2005م

[7] المصدر السابق

[8] أقيمت الحسينيات أساساً لإحياء مناسبة عاشوراء، يوم استشهاد الإمام الحسين. تطور الوضع مع الزمن في العربية السعودية، حتى صارت الحسينيات مراكز اجتماعية ثقافية والأنشطة الدينية.

[9] واحة الأحساء تضم الآن الحوزة العلمية؛ وهناك حوزة جديدة افتتحت في القطيف 1996 وانتقلت مؤخرا إلى مبنى جديد. وقال وجهاء لمجموعة الأزمات "حتى مع علم السلطات بذلك، إلا أنهم يتسمون بموقف غير ايجابي بهذا الاتجاه"، رسائل مجموعة الأزمات المتبادلة عبر البريد الالكتروني، 25 أغسطس 2005.

[10] انظر "المدينة" 8 أكتوبر 2004.

## الإسلام السياسي السعودي الشيعي (2)
## تيار الاصلاح الوطني نموذجاً

دعوة الشيخ حسن بن علي البدر شيعة المنطقة الشرقية في السعودية للقتال ضد قوات الملك عبد العزيز عند دخولها القطيف وانضمامها للمملكة عام 1331هـ — 8 مايو 1913م ، تعكس اهتماماً بالشأن العام لدى بعض رجالات الدين الشيعة في المملكة منذ القدم. لكن لا يمكن وصف هذه الحالة ، إن صحت ، ونظرائها بسيادة حالة ثابتة من العمل السياسي للجماعات الإسلامية الشيعية منذ تلك الفترة ، ومن ثم يمكن أن يطلق عليها حالة عمل سياسي منظم وواضح ، كما هو عليه الحال في الوضع الراهن.

لكن بعد انتصار الثورة الاسلامية في إيران بقيادة الخميني التي أطاحت بالشاه عام 1979م ، وانتفاضة المنطقة الشرقية الأولى في السعودية 1980م ، التي أعقبت الثورة الإيرانية مباشرة ، برزت حركات الإسلام السياسي الشيعية المنظمة في السعودية بشكل واضح ، وتحديداً في المنطقة الشرقية. ففي ظل وجود نشاط سياسي منتظم منذ ما يقارب الأربعة عقود من الزمن ، صار بالإمكان الزعم بوجود حركات سياسية شيعية في المملكة ، وإن لم يجر الاعتراف بها رسمياً.

منذ عام 1970م وحتى عام 2013م ، عاشت جماعات الإسلام السياسي الشيعية مراحل مختلفة ومارست أدواراً

متعددة ، كما تبنت أهدافاً سعت إلى تحقيقها عبر وسائل عدة ، نتيجة للظروف والتحولات الاجتماعية والسياسية والاقتصادية والثقافية التي مر بها العالم عامة والمملكة العربية السعودية خاصة. ويمكن حصر الحركات السياسية الشيعية التي نشأت في المنطقة الشرقية خلال الأربعة العقود الماضية (1971م – 2013م) إلى الاتجاهات التالية:

## أولاً: تيار الإصلاح الوطني

يعد هذا التيار في الوقت الراهن من أبرز الجماعات السياسية الإصلاحية الشيعية في المملكة ، ويعتبر الشيخ حسن الصفار من أبرز رموزه ومؤسسيه. ويسمى هذا التيار تارة بـ "**التيار الشيرازي**" وأخرى بـ "**تيار الصفار**" نسبة للشيخ الصفار ، خصوصاً بعد بروز عدة توجهات (الصادقيون ، المدرسيون ، الصفاريون) من رحم التيار الشيرازي العام ، وذلك بعد رحيل الأب الروحي والمؤسس الأول للتيار الشيرازي ، السيد محمد مهدي الشيرازي. وقد مر تيار الإصلاح الوطني منذ نشأته حتى اللحظة الراهنة بمراحل مختلفة ، نظراً للمتغيرات الدولية والإقليمية والمحلية ، كما شهد طوال تاريخه تغييرات هامة في بنيته الفكرية ومواقفه السياسية ، انعكست على شكل أنشطة ومبادرات وبرامج عديدة ، متعلقة بالطائفة والوطن والأمة ، في الداخل السعودي وخارجه.

ولغرض التعرف على ماهية هذا التيار ، والوقوف على أبرز المحطات التاريخية التي مر بها ، والتغييرات التي حدثت في منظومته الفكرية والسياسية ، يمكن تقسيم الأطوار التي مر بها طوال تاريخه إلى أربع مراحل أساسية:

### أ – المرحلة التأسيسية

بدأت هذه المرحلة عام 1971م – 1979 ، وذلك بعد اللقاء الذي تم بين أبرز قادة ومؤسسي هذا التيار في المملكة (حسن الصفار ، توفيق السيف ، فوزي السيف ، محمود السيف) ، آنذاك بالمرجع الراحل السيد محمد مهدي الشيرازي وأبن أخته المرجع الحالي السيد محمد تقي المدرسي في الكويت ، بعد هجرتهما من العراق خشية اعتقالهما وإعدامهما من قبل النظام ألبعثي آنذاك ، وعلى إثر ذلك أقاما حوزة علمية تحت مسمى: "**مدرسة الرسول الأعظم**" بمساعدة بعض التجار الكويتيين ، وتلامذتهم الذين خرجوا من العراق.

بانضمام الشيخ الصفار وأبناء الحاج محمد تقي السيف (توفيق ، فوزي ، محمود) إلى التيار الشيرازي والمشاركة في برامجه المتنوعة وغير التقليدية ، سواء في مدرسة الرسول أو من خلال "**حركة الطلائع الرساليين**" (وهي حركة إقليمية تأسست في العراق عام 1968م ، بمباركة الشيرازي ، وانبثق منها لاحقاً منظمة الثورة الإسلامية في السعودية ، والجبهة الإسلامية في البحرين ، ومنظمة العمل الإسلامي في العراق). وقد تم استقطاب العديد من الشباب من مختلف بلدان الخليج الذين انخرطوا في تلك التشكيلات ، وعلى إثر ذلك برز على السطح ما بات يعرف على نطاق واسع اليوم بـ "**التيار الشيرازي**" المنتشر في دول عديدة.

عملية استقطاب الشبان الخليجين الجدد خصوصاً السعوديين الشيعة وضمهم إلى التيار الشيرازي ، كان نتيجة جهود من التواصل مع الشباب بذلها كلا من أبناء محمد تقي السيف إلى

جانب الصفار، الذي كان يتردد بين سلطنة عمان والكويت عام 1973م وأسس مكتبة: "**الرسول الأعظم**" ومجلة "**الوعي**" في عمان بمعية شبان عمانيين.

وتعتبر عودة الشيخ الصفار وزملائه للقطيف عام 1976م، هي البداية الفعلية لتشكل التيار الشيرازي في المملكة وداخل القطيف وصولاً إلى الأحساء، وذلك من خلال الأنشطة الدينية والثقافية والاجتماعية، التي كان يمارسها تلامذة الشيرازي الجدد العائدين من الكويت، بعد تشبعهم بالأفكار الحركية والنهضوية المستقاة من مدرسة الشيرازي وتجربته الثرية، مضافاً إلى أدبيات بعض الحركات الاسلامية القديمة كجماعة الأخوان مثلاً. وكانت الأجواء في منطقة القطيف، مهيأة تماماً لصعود تيار جديد، فالتنظيمات القومية تفككت، والحزب الشيوعي ليس لديه ما يكفي من القوة أو التأثير أو حتى التنظيم الجيد، والتيار التقليدي خارج حسابات النشاط التنظيمي والحزبي تماماً.

بدأ التيار الشيرازي في تهيئة الأرضية الاجتماعية لتقبل التغيير عبر مشروع يقوده مرجع مغمور لأغلبية الشيعة في السعودية، وكانت المساجد والحسينيات هي ساحة "**الصراع الشرعية**" بين التيار التقليدي الذي يتبع مدرسة النجف التاريخية بزعامة آية الله أبو القاسم الخوئي...وبين التيار الشيرازي، وجاء الشيرازيون بأشكال مختلفة من الأنشطة كإحياء الاحتفالات والمحاضرات العامة، وكانت الكتب والأشرطة السمعية التي تحمل أفكار الشيرازي والمدرسي تهرب من الكويت عبر إخفائها في

سيارات شباب الحركة، وعندما تصل توزع على الشباب في المنطقة(1).

في مرحلة التأسيس حرص الصفار بعد أن اتخذ من "**مسجد الفتح**" في حي السويكة بالقطيف، منصة لنشر الوعي الحركي والسياسي، حرص على تعزيز التيار الشيرازي وتثبيت وجوده، من خلال الأنشطة المتعددة ورفده بالكوادر والأعضاء الجدد الفاعلين. كما قام زملاء الصفار، لتدعيم هذا التوجه الجديد بالعديد من الأنشطة لعل أبرزها تشكيل أطر متعددة وبأسماء مختلفة تظم الشباب وأخرى تظم الشابات في كل مدينة وقرية من محافظة القطيف، لتكون تلك المجاميع الشبابية بمثابة النواة والرافعة الأساس للتيار الجديد في تلك المناطق. وكانت هذه المجاميع الجديدة تحظى بعناية مركزة من التثقيف والتوعية، لتكون قادرة على القيام بمناشط مختلفة من شأنها تعزيز وجود هذا التيار الجديد.

ومنذ بداية نشاط هذا التيار في منتصف السبعينيات، إذ لم يكن حينها أي اسم لتنظيم سياسي ديني معلن معروف، وإنما كان هناك نزاع حاد قام بين "**التقليدية الدينية**" السائدة التي يقود زمامها عدد من رجال الدين في المنطقة، وبين التيار الديني المتجدد، الذي انتمى إليه عدد من رجال الدين الشباب، حيث جاء هذا التيار بمقولات ودعوات تبدو غريبة على الخط التقليدي، الذي لم يكن يتعدى اهتمامه نطاق أداء العبادات كالصلاة والصوم والحج والخمس، ولا يملك الواحد من هذا التيار اتجاها فكريًا، أو نشاطًا اجتماعيًا يتجاوز نطاق عقود الزواج والطلاق

وتوزيع الحقوق الشرعية والمواريث ، بيد أن التيار الآخر جاء بعدد من الطروحات الإضافية والجديدة على المجتمع تعتمد التثقيف واعتماد وسائل حديثة في بث الوعي كالمحاضرات العامة والاحتفالات وعقد الاجتماعات وتنظيم الهيئات.

ولم يتوقف التيار الجديد (أو التجديدي) عن انتقاد التيار التقليدي ، واصفًا اهتماماته بالجزئية والسطحية والقشرية ، معتبرًا إياه بأنه "**رجعي**" يشوّه الصورة الزاهية والوجه الحضاري للدين الإسلامي ، مما أدّى إلى حدوث حالة من الصدام والصراع في المجتمع ، وتمظهر في الصورة أو الصيغة الثقافية الفكرية خصوصًا في البدايات(2).

ولقد اتسمت هذه المرحلة بالصدام مع أفكار وطروحات التيار التقليدي المحافظ ، ونشر الأفكار والمفاهيم النهضوية والتجديدية ، وتقديم الدين بقالب جديد في صورته الحركية التي لم تعهده الساحة الشيعية في السعودية طوال تاريخها الغابر. وكان مؤسسي التيار الشيرازي الأوائل في السعودية يعملون تحت مظلة "**حركة الطلائع الرساليين**". وقبيل الثورة الاسلامية في إيران ساهم كوادر الحركة بمعية بعض قادة الحراك الإيرانيين كالشهيد محمد ألمنتظري (ابن آية الله حسين منتظري ، الذي كان يفترض أن يخلف آية الله الخميني بعد وفاته)، في العمل على إنجاح الثورة في إيران ، ومن ثم إيصال صوتها للعالم. ولقد سخر الشيرازي الكثير من جهده ووقته في الكويت إلى جانب كوادر الحركة في هذا السبيل. لعل محاضرات الشيرازي المخصصة لدعم الثورة الإيرانية ، التي قدمها في الكويت تكشف جانباً من هذا

الاهتمام ، بل أن بعض المتابعين إلى رؤاه وأفكاره حول الثورة الفتية كانوا يعتبرونه أحد أبرز المنظرين لها.

ونظراً للعلاقة المميزة بين الخميني والشيرازي ، طلب الخميني من الشيرازي مغادرة الكويت والمجيء إلى إيران بعد انتصار الثورة مباشرة. ولعب كوادر حركة الطلائع الرساليين دورا كبيرا في تأسيس العديد من المناشط الرسمية وشبه الرسمية وكذلك الإشراف على بعضها في إيران ، بعد انتصار الثورة. كان هذا الاهتمام يستهدف في المقام الأول إيصال صوت الثورة للعالم وديمومة بقائها والحفاظ عليها وحمايتها. وفي نفس الوقت يعكس مدى حالة الانسجام السياسي والفكري بين جماعة الشيرازي وجماعة الخميني. وكان الشيرازي يعد نفسه شريكا أساسياً في صناعة الثورة في إيران وحمايتها وإيصال أفكارها النهضوية البناءة في العالم ، عبر تلامذته ورجالات حركته وأنشطته المتعددة.المقولة الشهيرة التي تتردد على نطاق واسع "إذا كان **الخميني قد فجر الثورة فإن الشيرازي هو الذي أوصل صوتها للعالم**" ، تعكس مدى العلاقة المتينة وانسجامها بين الجماعتين آنذاك.([2])

## الهوامش:

([2]) الإسلام السياسي السعودي الشيعي(2): تيار الاصلاح الوطني نموذجاً – محمد الشيوخ 17/ 5/ 2013 – موقع مؤسسة النور للثقافة والإعلام – الرابط:

http://www.alnoor.se/article.asp?id=200914

1 — الإبراهيم، بدر.، الصادق، محمد 1994، الحراك الشيعي في السعودية: تسييس المذهب ومذهبة السياسة"، الشبكة العربية للأبحاث والنشر، بيروت، 2013م.

2 — العيد، سلمان، "الحركة الشيعية في السعودية.. من الثورة إلى الإصلاح 1980. 1994، مسار الأخبار، 2010م.

## الإسلام السياسي السعودي الشيعي(3)

## تيار الاصلاح الوطني نموذجاً

### ب – المرحلة الثورية.

وقد بدأت من عام 1979م – 1987م ، أي مع انتصار الثورة الاسلامية في إيران واندلاع الانتفاضة الأولى في المنطقة الشرقية في السعودية ، ومغادرة الشيرازي الكويت التي عاش فيها تسع سنين ثم هاجر إلى إيران (1390هـ – 1399 هـ)، بعد إصرار من العلماء والمراجع الكبار ، وفي مقدمهم الخميني. وقد استقر في مدينة قم المقدسة أكثر من عقدين من الزمن إلى أن اختاره الله يوم الاثنين 2 شوال عام 1422هـ (17 ديسمبر عام 2001م)، عن عمر ناهز الخامسة والسبعين عاماً.

بيد أن انتصار الثورة في إيران ، والآثار التي ترتبت على الانتفاضة ، واتخاذ الحركة إيران كمنصة جديدة ، أضاف للعمل الحركي مناشط وفتح أمام قادة الحركة وكوادرها آفاقاً جيدة من العمل لم يعهدوها من قبل.من بين إرهاصات انتصار الثورة الإسلامية في إيران ، إنها استطاعت أن تحرك الشارع الشيعي في المنطقة الشرقية باتجاه الإسلام التجديدي ، لذلك خرج العشرات من الشيعة في تظاهرات حملت شعارات تنتقد الحكومة ، وتدعو لإسلام أو تدين سياسي غير تقليدي ، وكان ذلك بمثابة تطوّر في حالة الصراع الذي انتقل من صراع مع رجال الدين التقليديين إلى

صراع سياسي مع السلطة السياسية ، معتمدًا في ذلك على العناصر التي تبنت الدعوة للتجديد في الدين ، وفي تطور لاحق خرج العشرات منهم إلى الخارج ، وتحديدًا إلى الجمهورية الإسلامية الإيرانية ، بهدف تعميق المفاهيم التجديدية ، والإطلاع عن قرب على مبادئ الثورة في إيران.

ورغم المحاولات التي قامت بها السلطة الحاكمة لإنهاء هذا الوضع الجديد ، الذي أعقب انطلاق التظاهرات المعادية لها عام 1400هـ ، إلاّ أن فئات التيار السياسي (دعاة التجديد في الدين) لم يتعرضوا لخطر الزوال ، بل لوحظ خلال حقبة الثمانينيات زيادة حركة المنشورات والشعارات الحائطية التي تدعو لمزيد من التصعيد ضد السلطة ، وذلك لأن الحركة السياسية بمسماها ونشاطها الجديد تمكنت من إيجاد قاعدة جماهيرية في المجتمع ، فكانت تمارس إعادة ترتيب الأوراق بعد كل حملة اعتقالات تنفذها السلطة ، مستفيدة من وجودها في الخارج مروجة لمجموعة مقولات من قبيل الدعوة للصمود والاستقامة في مقاومة الظلم ، وتحدِّي الإجراءات الأمنية وما إلى ذلك ، فكانت تكسب بعض الجولات في هذا الصراع وتزيد من العناصر المدفوعة بالحماس الديني القادم من إيران وثورتها الإسلامية ، ومن التيار الإسلامي بشكل عام.

ومع تنامي الصراع السياسي مع الحكومة إلاّ أن الصراع في المجتمع ، ومع رجال الدين التقليديين لم يتوقف ، بل تنامى وأخذ بعدًا متطورًا ، حيث قام بعض من التقليديين بإعلان الولاء للحكومة ، والتبرء من سلوك كل من انتمى للتيار الإسلامي الثوري

أو شارك في أي من أنشطته، من قبيل التظاهرات أو توزيع المنشورات، أو الهجرة إلى إيران، ولكن الحركة السياسية بعناصرها في الداخل والخارج استطاعت أن تقف صامدة أمام هذه الضغوط، تمارس دور الحشد لكسب المزيد من العناصر ودعوتهم إلى الهجرة إلى الخارج، وإخضاعهم لبرامج ثقافية تعبوية، مما زاد من حجم النشاط في الداخل والخارج واتساع رقعته.

وهكذا استمرت الأوضاع بين الحركة والسلطة فالأولى تصدر المنشورات والدراسات والنشرات المعادية، والثانية تقوم بحملات الاعتقالات وتشديد الأجواء الأمنية، والتي بلغت ذروتها حينما ألقت القبض على أكثر من 300 مواطن شيعي، من عناصر ومؤيدي الحركة(1).

وتختلف الروايات حول مسألة التحريض على الانتفاضة وإشعالها، فهناك من يتحدث عن اتخاذ المجلس القيادي لحركة الطلائع الرساليين في الكويت قراراً بهذا الشأن في اجتماع ضم: زعيم الحركة محمد تقي المدرسي، هادي المدرسي، كاظم الشوشتري، عباس المدرسي، صادق ألعبادي، قاسم الاسدي. استشير الصفار ثم أبلغ بقرار الحركة لتنفيذه من خلال الخطب التثويرية في ليالي محرم.لكن الصفار ينفي هذه الرواية، ويقول إنه لم يحصل اجتماع من هذا القبيل، وأن ما حدث أنه كان مع توفيق السيف في الحج الذي سبق محرم من ذلك العام، وهناك التقيا بالسيد علي خامنئي والشيخ هاشمي رفسنجاني، ودار حديث عام معهما حول الثورة في إيران وأنه لا بد للشعوب من أن تتحرك، وكذلك كان لقاء بالسيد محمد تقي المدرسي والسيد

مرتضى القزويني (وهو الخطيب العراقي المنتمي إلى **حركة الطلائع**، الذي سيخطب في ليالي محرم 1400هـ في مدن محافظة القطيف.

عاد الصفار وتوفيق السيف من الحج ولديهما قناعة بعد التشاور مع المدرسي بأنه حان الوقت لإرسال مجموعة من الشباب إلى إيران للدراسة هناك، أما داخل القطيف فمنتهى ما كان يفكران فيه في ذلك الوقت هو الخروج في مسيرات عزاء، ومهما تختلف الروايات، تظل الحقيقة في أن الحماسة كانت متصاعدة بعد انتصار الثورة الإيرانية واحتلال السفارة الأمريكية في طهران، وأن الثورة في إيران أثرت في كوادر الشيرازيين وفي المجتمع بصفة عامة، وأن خطب الصفار والقزويني في محرم كان فيها تجييش وتعبئة للجماهير بشكل واضح(2).

وساهمت تلك الخطب في اندلاع الانتفاضة، وكان لسقوط، الشهداء والجرحى بعد الصدام مع قوات النظام، أثراً بالغاً على كوادر العمل الرسالي والمجتمع الشيعي في المنطقة الشرقية، ترجم في رفع شعارات سياسية تعبر عن حالة الغضب على النظام، والتأثر بالثورة الإسلامية إلى جانب دعوتها إلى توحيد الصف بين أفراد المجتمع السعودي. كما طالب المتظاهرون بالإفراج عن مئات المعتقلين الذين تم اعتقالهم على خلفية التظاهرات، ورفع التمييز الطائفي، واحترام الحريات الدينية وغيرها من المطالب.

فعشية السادس من شهر محرم 1400 الموافق 25 نوفمبر 1979، وخلال ذكرى عاشوراء خرج المواطنون الشيعة احتجاجًا

على الحظر الرسمي بممارسة الشعائر ، وقد قرر المحتجون إحياء مراسم عاشوراء بصورة علنية والتي أخذت منحاً سياسياً، فيما تدخّل الحرس الوطني الذي يرأسه الملك عبد الله سابقًا. وفي السابع من محرم (26 نوفمبر)، أحيى الشيعة مواكب العزاء التقليدية والتي نتجت عنها مسيرات في أنحاء المنطقة شارك فيها حوالي سبعين ألفاً والتي ما لبثت أن تحولت إلى مصادمات عنيفة مع قوات الأمن المرابطة في المنطقة. وعندما تدخلت الشرطة وجنود من الحرس الوطني لتفرقة التجمعات المشاركة في مواكب عاشوراء في القطيف في 28 نوفمبر ، قرر الشيعة المقاومة وسادت حالة من الهياج والتي ما لبثت أن انتشرت في أجزاء أخرى من القطيف والأحساء. وتم نشر عشرين ألفًا من قوات الحرس الوطني في المنطقة لإخماد الانتفاضة التي استمرّت لخمسة أيام رغم محاولات وجهاء الشيعة والشرطة لوقفها.

ولكن وحسب شبكة **راصد** الإخبارية عندما فتح الحرس الوطني النار على الجموع في القطيف ، تظاهر الشيعة في الشوارع في رد فعل غاضب ، وإصرار على إيصال صوت مظالمهم ومطالبهم. وفي التاسع والعاشر من محرم ، تم تطويق منطقة القطيف وانتشرت الأخبار عن سقوط قتلى. قامت شرطة مكافحة الشغب بإطلاق الغاز المسيل للدموع ،وقام الحرس الوطني بقتل 20 شخصاً وجرح أكثر من 100. واعتقل 600 شخص تقريباً. وقد تم إطلاق الرصاص على المتظاهرين ، بحسب **شبكة راصد**[3].

ولقد أحدثت الانتفاضة في المنطقة الشرقية هزة كبيرة في وجدان المجتمع الشيعي ، وعلى أثرها تم اجتذاب عناصر جديدة

إلى الحركة ، وكتعبير عن توسع قاعدة التيار الشيرازي في المملكة ودخوله في مرحلة جديدة بعد الثورة الإيرانية والانتفاضة الأولى تم تشكيل: **"منظمة الثورة الإسلامية في الجزيرة العربية"**، بعد هجرة قادة التيار الشيرازي في السعودية إلى إيران. وأصبحت ساحة إيران كمنصة جديدة لبداية نشاط ثوري وواسع ومتنوع.

وشرعت المنظمة، التي أصبح الشيخ شعارات المرحلة ، في إصدار البيانات السياسية المعارضة للنظام السعودي ، كما تم إصدار مجلة دورية بمسمى: **"المنظمة"** يتصدر غلافها صورة سلاح معلق على الكعبة ، كتعبير عن الحالة الثورية. وكانت الدعوة إلى الثورة هي أبرز شعارات المرحلة **"الثورة في كل مكان"** إلى جانب ضرورة التغيير الجذري والشامل. وأصبح في تلك الفترة العمل الحركي أكثر تنظيماً وتنوعاً، فقد تم التركيز على نشر الوعي الديني والتثقيف العام، والعمل الإعلامي من خلال مجلة الثورة الإسلامية وإصدار البيانات وخطب قادة الحركة الأم ، مضافاً إلى العمل التنظيمي ، من خلال تكوين خلايا في الداخل السعودي.

وخلال حقبة الثمانينيات، وهي الحقبة التي نشأت فيها الحركة ، وذاع صيتها، برزت جملة من المصطلحات، انتشرت بين أبناء المجتمع، بعضها كان جديدًا، وبعضها كان محدودًا بفئات معينة من المتعلّمين أو الحركيين. وكلا النوعين من المصطلحات كانت الحركة الإسلامية الشيعية قد ساهمت في نشرها أو إيجادها أو تسليط الضوء عليها. إذ يتداخل فيها الأبعاد الروحية والأخلاقية والسياسية.

خلال تلك الفترة ظهر مصطلح "الثورة" الذي كان معروفًا يتداوله فقط ناقلو تجارب التيار القومي وانتصاراته في كل من مصر والعراق وسوريا وليبيا، ولا تعني الثورة سوى انقلاب لينفذه الجيش أو الحزب (أو هما معًا) ضد حكم ملكي أو استعماري، ليقيم محلّه نظامًا جمهوريًا، أو ينفذ عملية تصحيح في نمط الحكم الانقلابي القائم، على غرار ما قام به ستالين في الثورة البلشفية في الاتحاد السوفيتي السابق، لكن هذا المصطلح أخذ بعدًا آخر، ونموذجًا مغايرًا لكافة النماذج الأخرى، فالثورة هنا (وفي حقبة الثمانينيات) تعني التظاهرات والاضطرابات وإسقاط الحكومات بوسائل التمرد الشعبي والعصيان المدني والثورة الجماهيرية، والنموذج في ذلك هو الثورة الإيرانية.

لقد أخذ مصطلح (الثورة) مكانًا واسعًا ضمن أدبيات الحركة الشيعية المعارضة، يكفي أن اسمها هو: "**منظمة الثورة الإسلامية في الجزيرة العربية**"، وكان يجري هذا المصطلح في العديد من الدراسات والكتب التي صدرت حينها منها كتاب: "**الحسين ومسؤولية الثورة**" لمؤلفه حسن الصفار، وكتاب: "**البعث الإسلامي**" لمؤلفه محمد تقي المدرسي (وهو أستاذ وموجه الشيخ حسن الصفار في تلك الحقبة) الذي يؤكد أن الثورة مصطلح إسلامي صميم، وإن خيار الثورة على الحكومات هو وأن لم يأت في النصوص الإسلامية بالنص، لكنه جاء بالمعنى، وأن هناك إمكانية لتكرار تجربة الثورة الإيرانية في أي مكان في العالم، وتؤكد طروحات وأحاديث قادة الحركة بأن الثورة هي التغيير الجذري لمجمل الأفكار والقيم التي يرتكز عليها النظام السياسي.

وتبعًا لمصطلح "**الثورة**" الذي بات يتداول في كل محافل وأدبيات ولقاءات عناصر الحركة ، حتى أن مجلة الحركة كانت تحمل اسم "**الثورة الإسلامية**" ، ظهرت مصطلحات ثانوية تابعة لمصطلح الثورة مثل الحركة والقيادة والتنظيم والعمل السري والعمل الجماهيري ، فضلاً عن المصطلحات الأخلاقية الأخرى ، والتي وإن كانت موجودة في الموروث الثقافي الديني ، إلا إنها في العصر الثوري أخذت وضعًا مغايرًا مثل الجهاد والتضحية والإيثار وتحمل المسؤولية... الخ.

وهناك مصطلحات تمت إعادة صياغتها بما يتوافق مع المفهوم الإسلامي لها ، فالحرية التي كانت في وقت ما لا تعني سوى التحلل الأخلاقي والخروج على عادات المجتمع ، باتت في العصر الثوري تعني حرية الرأي وحرية الصحافة وحرية التجمع والإضراب.. والجهاد الذي لم يكن يعني سوى ما قام به الرسول وأصحابه ، لكنه هنا بات يعني معارضة الحكومات المستبدة والظالمة ، والعمل على إسقاطها.

وجاءت الحركة بمجموعة مصطلحات خاصة بها هي الوجه الأخر لمصطلح الثورة والجهاد ورفض الظلم ، أبرز تلك المصطلحات هو مصطلح "**رسالي**" وهو صاحب الرسالة وهي رسالة التغيير والعمل من أجل الأمة ، وظهرت تبعًا لذلك مجموعة مقولات كالعمل الرسالي ، والفرد الرسالي ، والخط الرسالي ، والفكر الرسالي ، وكلها جاءت مع بروز الحركة المعارضة في البلاد ، وهذا يعتبر من أهم أساسيات فكرة الحركة ، إذ أن هناك صفات خاصة للإنسان أو الفرد الرسالي ، تختلف بالطبع عن صفات أي فرد

عادي ، تبعًا لاختلاف "الثقافة الرسالية" عن الثقافة العامة ، أو أي نوع من الثقافة ، لأن هذه الثقافة تعبر عن سمات خاصة للخط الرسالي.

يذكر في هذا الصدد أن هناك كتابًا هاما يحمل اسم "الثقافة الرسالية" لمؤلفه محمد تقي المدرسي – وإن لم ينشر باسمه – يحظى بأهمية لدى أفراد الحركة ، حيث يتم تدريسه لبعض الأفراد مع بداية الانتماء ، ثم يعطى إليه كي يقرأه متفردًا ، ثم يتباحث في أفكاره مع بعض زملائه ، بل يمكن القول أن جميع أفراد الحركة قرأوا هذا الكتاب أكثر من مرة(4).....([3]).

## الهوامش:

1 - العيد، سلمان، "الحركة الشيعية في السعودية..من الثورة إلى الإصلاح 1980. 1994، مسار الأخبار، 2010م.

2 – الابراهيم، بدر، والصادق ،محمد "الحراك الشيعي في السعودية:تسييس المذهب ومذهبة السياسة"، الشبكة العربية للأبحاث والنشر، بيروت، 2013م.

3 – ويكيبيديا الموسوعة الحرة.

4 - العيد، سلمان، "الحركة الشيعية في السعودية..من الثورة إلى الإصلاح 1980. 1994، مسار الأخبار، 2010م.

---

([3]) الإسلام السياسي السعودي الشيعي(3): تيار الإصلاح الوطني نموذجاً – محمد الشيوخ 17 /5/ 2013 – موقع مؤسسة النور للثقافة والإعلام – الرابط:

http://www.alnoor.se/article.asp?id=200914

## "الأصولية الشيعية الحركية".. اليقظة من "الأوهام" النضالية

### أحداث الشغب التي افتعلها مريدو الواعظ المعمم المتطرف "نمر النمر" أعادت "حركيي الإسلام السياسي الشيعة" إلى المشهد

**الرياض: محمد جزائري**

أعادت الأحداث المتناثرة من الشغب والاعتداءات المسلحة في قرية العوامية شرق السعودية أخيراً، "**الإسلام السياسي الشيعي**" إلى واجهة المشهد المحلي، بعد الحكم القضائي الصادر على الواعظ الحركي المعمم نمر النمر، والقاضي بالإعدام بسبب تُهم وجهت له تمس الأمن القومي السعودي، وهو الذي قُبض عليه بعد مقاومة مسلحة لرجال الأمن.

عمليات الشغب في بعض قرى المنطقة الشرقية، في السنوات الثلاث الأخيرة، عمر الربيع العربي، كانت انعكاس ظل لافتعال حالات الانفلات الأمني وصعود القوى الأصولية في المنطقة، من "**إخوان مسلمين**" وجماعات العنف الدينية

المسلحة ، سنية وشيعية. وفي عجالة تاريخية ، لا بد من التذكير أن الثورة الإيرانية كانت فاتحة شهية لتطورات المنطقة التي ستحمل في طياتها دمغة الخلط بين الدين والسياسة في جديلة ، لا يبدو أن المنطقة ستتخلص منها قريباً.

صدر نظام الولي الفقيه في طهران "ثورته الخمينية" لدول الجوار وتدخل فيها ، وأنشأ علاقات مع القوى الراديكالية في المنطقة وأشهرها الإخوان المسلمون ، الوجه الآخر للإسلام السياسي ، وأنشأ ذراعه العسكرية في لبنان ("حزب الله") الذي يصرح علانية أمينه العام حسن نصر الله بولائه لطهران ، متجاوزا ولاءه الوطني اللبناني.

وواصل النظام الإيراني مشروعه في تطوير قدراته النووية العسكرية ، التي جوبهت بعقوبات قاسية من المجتمع الدولي ، عندما كانت واشنطن تتسم سياستها بالمجابهة ، قبل أن تتحول أخيراً إلى سياسة أكثر ليونة ، سمحت لطهران بالتمويه بإنشاء علاقات ملتبسة مع قوى المنطقة.

وجاءت أحداث الحادي عشر من سبتمبر (أيلول) 2001 ، التي أسقطت صدام حسين وطالبان.. هذا الفراغ السياسي خلق حالة من النهم الجيوسياسي لدى صانع القرار في العاصمة الإيرانية.

ابتلعت العراق سياسياً، وسيطرت على القرار الصادر من دمشق لدرجة أنها ترسل أبناءها اليوم في ميليشيات عسكرية ليموتوا دون أبوابها؛ السقوط الذي سيعني قطع المدد البري لذراعه العسكرية في بيروت ("**حزب الله**") الذي تشارك مع نظام بشار الأسد في قتل ما يزيد على 200 ألف سوري بحسب آخر الإحصاءات الدولية.

في سرد تحليلي للقيمة الجيوسياسة السورية لإيران، كتب رودجر شاناهان، الباحث في "**معهد لوي للسياسات الدولية**"، في مقالة بحثية تحت عنوان: "**ماذا تعني سوريا لشيعة المنطقة؟**" منشورة في موقع "صدى كارنيغي": "على الرغم من الأبعاد الدينية أو المذهبية الكامنة في النزاع، فإن تصوير سوريا على أنها محور للجهاد الشيعي الدولي ينطوي على سوء فهم للدوافع التي تحرك الأفرقاء المتورطين في النزاع. فإيران تنطلق أساساً من حسابات سياسية؛ فقد استثمرت في سوريا في إطار جهودها الإقليمية الهادفة إلى إرساء دائرة نفوذ واسعة قدر الإمكان. ويقدم الشيعة المؤيدون لنظرة إيران العالمية الدعم العسكري لنظام الأسد انطلاقاً من السبب عينه".

بالعودة للمشهد الحالي لصعود موجات الأصولية المتشيعة سياسياً، التي كانت مشعلة حرائق في المنطقة بامتياز، فقد تبنت طهران حراك جماعات "**الإسلام السياسي الشيعي**" في البحرين

لتقويض النظام الملكي ، ودعمت الحوثيين في اليمن ، وتحالفت مع القوى الأصولية مثل "الإخوان المسلمين" وأذرعها المختلفة حول العالم ، وباتت حاضنة لقيادات تنظيم القاعدة ، التي تقاتل أتباعهم في سوريا والعراق.

الأقلية السعودية الشيعية ، والمتأثرون منهم بـ "الإسلام السياسي الشيعي الحركي" ، لم تكن استثناء في المنطقة ، وإن كان التأثر بدرجة أقل كثيرا من محيطها.

في هذا السياق يقول كامل الخطي ، الكاتب والباحث السعودي ، وأحد أبناء مدينة القطيف شرق السعودية في حديثه لـ "الشرق الأوسط": "سأبدأ أولاً بتحرير مصطلح (الأصولية الشيعية) من ارتباطه بالسياق العام لمعنى (الأصولية)، وسأعيد وضعه في سياقه الأصلي؛ إذ إن (الأصولية) عند الشيعة الاثنا عشرية تعني (الاجتهاد) الذي يُقصَدُ به – ضمن جملة مقاصد – عدم جواز تقليد الميت ابتداء، وإن المُكلَف (الأصولي الشيعي) عندما يبدأ اختيار من يعود له بالتقليد من المراجع، عليه أن يختار أحد المراجع الأحياء. قَصَدْتُ بهذا الإيضاح إزالة اللبس عن المصطلح، بل الاستغناء عن استخدامه تماماً عند الحاجة لوصف متشددي الشيعة، وسأستعيض عنه بمصطلح (الحركيين الشيعة) بغرض الدقة والموضوعية".

ويزيد: "الذين يشار إليهم بوصفهم قيادة لهذا (الحراك)، هم منتسبو تنظيم إسلامي سياسي شيعي سبق أن تصالح مع الدولة، وعادت قيادته وكوادره من الخارج لتنعم بامتيازات وهبات وعطايا، وحملة تبشيرية تقول بأن هذا التنظيم بكاتبيه وباحثيه وناشطيه سيكون حامل شعلة التنوير الشيعية. وقد أسهم في حملة التبشير هذه بعض من يفخر بكونه "ليبراليا"؛ إذ قرأت لأحد الليبراليين السعوديين – من غير الشيعة – مقالاً نشره في يومية لبنانية، فحواه أن شيعة السعودية في عزلة وظلام منذ تأسيس الدولة حتى عودة قيادة هذا التنظيم وكوادره من الخارج، حيث معهم – فقط – بدأ العمل على اندماج الشيعة في النسيج الوطني. هذا نموذج لكيفية التعاطي مع الشأن الشيعي الذي يتضح أن الجهل به متفشٍ حتى في أوساط المشتغلين في إنتاج الوعي؛ إذ إن أي متابع متجرد من المواقف المسبقة، لن يجد صعوبة تذكر في التوصل إلى حقيقة أن الشيعة في السعودية يشكلون جزءا أصيلاً وأساسياً في النسيج الوطني، وقد أثبتت الأحداث صحة هذا القول؛ فمنذ التحاق منطقة القطيف سلماً بمشروع تأسيس الدولة السعودية الثالثة حتى غزو صدام للكويت، وما بين التاريخين، أثبت الشيعة في السعودية أن وطنهم هو خيارهم الأول. وجدير بالذكر أن الشيعة في السعودية تقدموا للقيادة بطلب التطوع في الخدمة العسكرية لرد عدوان قوات صدام حسين عن

الحدود عندما اجتاحت قواته كامل التراب الكويتي ووصلت لمشارف مدينة الخفجي".

"الأصولية الحركية الشيعية" في معرض سجالها السياسي المحلي تحالفت في بيانات سياسية حتى مع مساجين تنظيم القاعدة في السجون السعودية ، في ممارسة تحشيدية كانت إبان صعود القوى الإخوانية لسدة الحكم في دول الجوار الإقليمي في عام 2012 ، التي فرضت تحالفات مختلفة في المشهد السعودي الداخلي ، جمعت رموز الذائقة الإخوانية سياسياً ، مع نشطاء اليسار الحقوقي (اليسار هنا اصطلاح إجرائي)، مع منظري "الصحوة الشيعية"، في سلة واحدة ، وتلك قصة أخرى.

وبالعودة للخطي الذي كان قد كتب سابقاً عن ملامح تحالفات بين بعض رموز الأصولية الشيعية الحركية ، وعصابات إجرامية محلية للقيام بالنيابة عنهم بأعمال شغب مسلح ، يقول: **"الحديث عن حراك الشارع الشيعي في السعودية به من التضخيم ما يكفي لجعله حراكاً إعلامياً أكثر من كونه وصفاً لما يجري على أرض الواقع؛ فخروج مظاهرات ومسيرات في محافظة القطيف، لا يزيد عدد المشاركين بها على مئات — مع المبالغة في العدد — في منطقة يتجاوز عدد سكانها 600 ألف مواطن — غير الوافدين — لا يؤهل هذه المسيرات والمظاهرات لنيل الاتصاف بأنها "حراك الشارع الشيعي".** فالحادث على الأرض هو

**أن هناك فئة قليلة غير مقتنعة بالحوار بوصفه منهجاً كفيلاً بإيصال الصوت المطلبي لمسامع القيادة، وهذه الفئة تحالفت فيما يبدو مع عدد من معتادي الجريمة الجنائية، فظهر السلاح بأيدي بعض منتسبيها. وللسلاح سطوته، فقد تكفل ظهور السلاح بإخافة صوت الغالبية المنشغلة بشأنها الحياتي وبكفاحها لتحقيق مستوى معيشي كريم ولضمان مستقبل جيلها المقبل وما بعد المقبل. أذكّر هنا بأن بعض من يتصدى للدفاع عن نشاط هذه الفئة القليلة، مقيم خارج المملكة ويتمتع بلجوء سياسي في دول أوروبية غربية وفي الولايات المتحدة الأميركية، وهو وأفراد أسرته في مأمن من كل خطر ويتلقون كل أشكال الرعاية المجانية في دول اللجوء، ولكن كل حدث خطير يحدث بالداخل يمد حضوره الإعلامي بمادة هي بمثابة ماء الحياة التي لولاها لَذَوَى وتلاشى وأصبح نسياً منسيا"**.

الحرائق التي تشعلها الأجندة الطائفية التي تقاد من طهران، أطلقت أجراس الإنذار في عواصم دول الاعتدال في المنطقة، وهو الموقف الذي أكدت عليه الرياض، الند الإقليمي الصلب، على لسان وزير خارجيتها أكثر من مرة، الأمير سعود الفيصل بقوله: "**إذا كانت طهران تبحث عن دور في المنطقة، فليكن دوراً إيجابياً**".

خالد العرداوي، مدير "مركز الفرات للتنمية والدراسات الاستراتيجية" في كربلاء بالعراق، كتب في مقالة نشرها "معهد واشنطن للدراسات"، تحت عنوان: "تسييس الشيعة وأثره السلبي على الأمن الوطني والإقليمي والدولي" ما نصه: "ظاهرة تسييس الشيعة لا تصب في مصلحتهم كوجود سياسي واجتماعي وثقافي بناء وفاعل، كما لا تصب في مصلحة السلم والأمن الوطني والإقليمي والدولي؛ إذ من شأنها تعميق الشعور بالمظلومية التاريخية لمكون اجتماعي – سياسي – وعقائدي مهم في العالم الإسلامي، مما قد يدفع أبناءه إلى العزلة السياسية، ويضعف ترابطهم مع بقية المكونات الاجتماعية من جهة، ومن جهة أخرى مع الأطراف التي تحاول تعميق حالة (فوبيا الشيعة)".

على النسق نفسه، يرى جهاد الخنيزي، الكاتب السعودي من أبناء القطيف أن "جزءاً من المشكلة يعود إلى معايشات الفكر الديني الذي يرى في نفسه كتلة واحدة جيوسياسية مستحضرا تجارب تاريخية تمكنت فيها دول من التمدد بسبب الروح الدينية أو القومية المشتركة، وبالتالي يتناقلون المؤثرات، وهذا يحدث دائما في الأحزاب الأممية التي لها رأس وفروع؛ إذ تبدأ الامتداد في مواقع التشابه والارتباط كبيئات ممكنة القبول والتأثير وليست ضرورية لذلك، ثم تبدأ في مرحلة ثانية في

اختراق الآخر المختلف عبر وسائل متعددة لعل أهمها الخطاب المعتدل الذي لا يرفض خصوصياته ويساعده على تحقيق أمنياته".

ويضيف الخنيزي: "من جهة أخرى، يتغذى النزوع نحو إيران من قبل بعض القيادات الشيعية المأزومة، من تهميش الشيعة في بعض دولهم وتنامي خطاب الإقصاء والتطرف ضدهم، وتعميم حالات فردية ليوصف بها الشيعة كطائفة، مما يثير النزوع نحو حلم المخلص. وهو حلم تتغذى عليه كل الأقليات، وليس الشيعة فقط".

يذكر أن الملك عبد الله أسس قبل 10 أعوام "مركز الملك عبد العزيز للحوار الوطني"، الذي حفل بحضور لافت للأقليات في المشهد السعودي، مما فتح آفاقاً جديدة على مستوى تبادل الأفكار ووجهات النظر الوطنية المختلفة.

في بُعد آخر لصورة التوازنات الإقليمية، يشير واقع اقتصادات السياسة النفطية اليوم إلى أن أكثر المتضررين منه طهران، المستنزفة في حروب المنطقة الطائفية من أجل الحفاظ على مكتسباتها الجيوسياسية، وحليفتها روسيا التي تنفست الصعداء من ضعف تأثير واشنطن في عهد أوباما ليس فقط على مستوى أوروبا الشرقية، بل وعلى مستوى آسيا الوسطى التي

كانت موسكو ترقب صعود النفوذ الأميركي فيها بنظرات قلقة في حقب سابقة.

هذه المعطيات السياسية والمنحنيات الاقتصادية التي تدفع في اتجاه زعزعة عاصمة "**الإسلام السياسي الشيعي**"، طهران، وحلفائها الإقليمين، يرى المراقبون أنها قد تكون مدعاة تقليدية ومكررة للعب بورقة الأقليات الطائفية في المنطقة وتشجيع الأصوليات السياسية الشيعية فيها على التحرك، واستغلالها ورقة لفك الاختناق السياسي والاقتصادي المرجح دخولها فيه.. مع تراجع أحلام التمدد الجيوسياسي الذي غدا بعيد الاحتمال.([4])

---

**([4]) "الأصولية الشيعية الحركية".. اليقظة من "الأوهام" النضالية – محمد جزائري – مقال – جريدة الشرق الأوسط اللندنية – 27/ 10/ 2014 – الرابط:**

**http://www.aawsat.com/home/article/209186/%C2%AB%D8%A7%D9%84%D8%A3%D8%B5%D9%88%D9%84%D9%8A%D8%A9-%D8%A7%D9%84%D8%B4%D9%8A%D8%B9%D9%8A%D8%A9-%D8%A7%D9%84%D8%AD%D8%B1%D9%83%D9%8A%D8%A9%C2%BB-%D8%A7%D9%84%D9%8A%D9%82%D8%B8%D8%A9-%D9%85%D9%86-%C2%AB%D8%A7%D9%84%D8%A3%D9%88%D9%87%D8%A7%D9%85%C2%BB-%D8%A7%D9%84%D9%86%D8%B6%D8%A7%D9%84%D9%8A%D8%A9**

**41**

## الإسلام السياسي والعنف

الإسلام بالنسبة للعرب عنصر تكويني ، فالأمة العربية نتاج ثورة الإسلام الفكرية والاجتماعية ، والشخصية العربية وليدة الحضارة الإسلامية ، فقد دخل الإسلام النسيج الشخصي والاجتماعي للمواطن العربي ، وتطابق الثقافي والاجتماعي في الحياة العربية ، حتى غدا الإيمان ينطوي على حق المواطنة في الأمة العربية الإسلامية ، والطعن في إيمان المرء معناه إخراجه من دار الإسلام.

لذا ، ليس حضور الإسلام في حياتنا غريبًا أو مستهجنًا ، والعودة إليه في العصر الحديث مفهومة ومبرّرة لارتباطها بهذا الدور البنيوي ، بالإضافة إلى إغراءات تكرار النجاح التاريخي.

غير أن كون حضور الإسلام في حياتنا والانحياز إليه ، باعتباره عقيدة الشعب ، طبيعيًا ومنطقيًا لا يغلق ملف الحياة بقدر ما يفتحه ويثير اسئلة جوهرية ودقيقة على خلفية التاريخ الاسلامي ذاته ، وما شهده من مظالم على أيدي السلطات العائلية والأنظمة السلطانية ، والاحتمالات التي تنطوي عليها عملية الانحياز الى الإسلام لجهة تعدد القراءات ، فالقرآن حمال أوجه وفق القول

المنسوب للإمام علي بن أبي طالب ، والمسلمون اختلفوا منذ العقود الأولى على تأويل النص ، حيث ما زلنا نذكر كلمات عمار بن ياسر في موقعة صفّين حين خاطب جيش معاوية قائلًا: **"لقد قاتلناكم على التنزيل ونقاتلكم الآن على التأويل".** فقد تعددت قراءات/ تأويلات المسلمين للنص الديني ، إلى حد التناقض ، وتعددت تصوراتهم وتقديراتهم لعلاقته بالأوضاع المتغيرة وباحتياجاتهم الاقتصادية والاجتماعية المتطورة والمتجددة.

يتفق دارسو الإسلام المعاصرون على وجود ثلاث قراءات أساسية سائدة في البلاد الإسلامية ، حصروها تحت مسميات: الإسلام الرسمي ، الإسلام الشعبي ، الإسلام السياسي ؛ ولكل قراءة منها سمات محددة: حيث يركز الإسلام الرسمي على ما في التراث الإسلامي من دعوة لإطاعة أولي الأمر والقبول بالخليفة بعد تغلّبه على السلطة ، حتى لو كان فاجرًا ، والرئيس /الملك / الأمير هو ظل الله على الأرض ، والترويج لأطروحة الشورى مُعلِمة وليست مُلزِمة ؛ في حين يقوم الإسلام الشعبي على خلطة من المفاهيم الدينية والتراثية والاجتماعية التي أفرزتها عهود الانطلاق والانحطاط والتخلف ، حيث للإله أدوار كونية واجتماعية واقتصادية وسياسية يقوم بها عبر التدخل اللحظي لإدارة العالم ، بما في ذلك حل مشكلات المسلمين الذين يتوجهون إليه بالعبادة والدعاء ، في تجسيد شعبي لنظرية الأشاعرة في الفعل الانساني ، والخلطة

تتقاطع كثيرًا مع أدبيات الإسلام الرسمي لجهة التسليم للحاكم ، ولي الأمر ، مهما فعل ، وهي الأدبيات التي شاعت في عهود القهر ونظّرت لها مدارس فقهية وفلسفية ؛ بينما ينطلق الإسلام السياسي من اعتبار الإسلام يملك "**الحل**" لكل مشكلاتنا (لن يُصلح حاضر هذه الأمة إلا ما أصلح أولها) ، ويبرز مصدره الإلهي كدليل حاسم على صحة الخيار الإسلامي (الله أعلم بما ينفع عباده) ، ويربط بين الأزمات الراهنة التي تعيشها الشعوب والدول الاسلامية والابتعاد عن الإسلام ، ويدعو إلى العودة إليه للخروج من هذه الأزمات.

وقد تعددت حركات الإسلام السياسي وتباينت في قراءاتها/ تأويلاتها للنص وللواقع ، ما رتب اختلافًا في المواقف والممارسات والأساليب ، حيث اعتمد بعضها الجهاد السلمي/الدعوي عبر نشر الفقه السلفي (ما يسمى السلفية العلمية – اقرأ: النظرية) والأمر بالمعروف والنهي عن المنكر ؛ بينما اعتمدت أخرى الجهاد العنفي بتغيير المنكر باليد والسلاح.

بدأت إرهاصات النهوض في العالم الاسلامي مع ظهور فقهاء مجددين ودعاة للنهوض السياسي والاجتماعي (رفاعة رافع الطهطاوي ، ابن أبي الضياف ، محمد بن عبد الوهاب ، جمال الدين الأفغاني ، محمد عبده ، رشيد رضا ، عبد الرحمن الكواكبي ، خيرالدين التونسي ، محمد حسين النائيني) ، فصرحوا بالمسكوت عنه (تخلف المسلمين وضعفهم ، وانكشاف العالم الاسلامي أمام

أوروبا الناهضة وانكسار قواته أمام الغزو الخارجي) ، وأثاروا أسئلة حول المشكلات والتحديات التي تقف حجر عثرة في وجه نهوض المسلمين وعودتهم إلى المسرح الدولي ولعب دور في التطور والنمو الحضاري ؛ كما لعبت عوامل كثيرة أخرى كمحفزات لقيام تنظيمات سياسية على خلفية إسلامية ، لعل أهمها:

1) البعثات التبشيرية التي سبقت الحملات الاستعمارية ، حيث تقدم المبشّر والتاجر والعسكري ، مما استفز المسلمين بعامة ، والفقهاء بخاصة.

2) إلغاء الخلافة الإسلامية في تركيا عام 1924 ، الذي عمّق إحساس المسلمين بالمخاطر التي تواجههم.

3) سلوك الأنظمة الوطنية السياسي والاقتصادي ، وتجاهلها للإسلام كمكون أساسي في الاجتماع العربي.

4) سلوك المدارس الفكرية الحديثة والقوى السياسية الوطنية غير الرسمية ، حيث احتل الهجوم على الإسلام والشريعة الإسلامية مركزًا رئيسًا في نشاطات بعض هذه القوى ، الماركسية بخاصة ، بدءًا من إنكار وجود الخالق — الذي عايشناه في سورية في النصف الثاني من القرن الماضي — إلى اتهام الشريعة الإسلامية بالجمود والانحطاط.

5) استخدام الدين في الصراع الإقليمي والدولي، فقد حرّضت الولايات المتحدة الأمريكية عددًا من الدول العربية والإسلامية الموالية لها على تشكيل منظمة تقوم بدور **"لجم حركة القومية العربية ومحاربة النظم الاشتراكية في العالمين العربي والإسلامي، ومعاداة المعسكر الاشتراكي"**، والتي تشكلت عام 1965 باتفاق سعودي – إيراني تحت اسم منظمة **"الحلف الإسلامي"**، لتتحول بعد عام 1969 إلى منظمة **"المؤتمر الإسلامي"**، قبل أن يعاد النظر بالاسم مرة أخرى ليصبح منظمة "التعاون الاسلامي". وقد تجدد التحريض الأمريكي بُعيد الغزو السوفييتي لأفغانستان، حيث قامت المملكة العربية السعودية ومصر بتحريض الشباب العربي على الجهاد في أفغانستان من أجل تحريرها من الاتحاد السوفييتي "الكافر"، وقد أفرز هذا الجهاد ظاهرة الأفغان العرب وغير العرب التي تحولت فيما بعد إلى تنظيم القاعدة، أو السلفية الجهادية في تسمية أخرى.

## صعود الإسلام السياسي

تشكلت حركات الإسلام السياسي وسط تذبذبات وانعطافات حادة، ترتبت على إرهاصات النهوض والانكسارات في ضوء القيود والعوائق الذاتية الناجمة عن انحطاط عميق ومديد داخل العالم الإسلامي، واصطدمت مع الأنظمة الوطنية، وتعرضت لقمع شديد أخرجها من المعادلة السياسية في بعض

الدول ، لكن القمع الشديد لم يفقدها مبررات الوجود والانتشار كلما أتاحت الظروف ذلك.

شكلت السجالات الفكرية بين فقهاء ومفكرين مسلمين ومستشرقين ، وبين المسلمين أنفسهم ، أرضية لقيام حركات إسلام سياسي. فمن رحم السجال الفكري والحراك الاصلاحي ودعوات التصدي للاستعمار والنهوض ، خرجت تكوينات جنينية لعمل سياسي منظم على خلفية إسلامية: "**العروة الوثقى**" التي أطلقها جمال الدين الأفغاني (1897) ومحمد عبده (1905)؛ المؤتمر السياسي في مكة الذي تصوره عبد الرحمن الكواكبي (1902) في كتابه: "أم القرى"؛ حركة المشروطة في إيران (1906) و**الحركة الدستورية في تركيا** (1909)؛ قبل أن تنضج وتتحدد ملامحها في تشكيل **الإخوان المسلمين** (1928) على يد الأستاذ حسن البنا.

نشطت الحركة في تشكيل فروع لها في الدول العربية والإسلامية ، وشكلت تنظيمًا دوليًا بهيكلية تبدأ بالمرشد العام ومجلس شورى وفروع في الدول الإسلامية يقودها مراقب عام. لعب الأستاذ البنا دورًا كبيرًا في تأسيس هذه الفروع عبر عمل مباشر بزيارة الدول العربية والإسلامية ، فزار سوريا مثلاً عام 1937 والتقى فيها بأعضاء **جمعية البرّ الإسلامية الخيرية** ، ونجح في تشكيل فرع للحركة فيها.

بقيت حركة الإخوان وحيدة في الساحة حتى ظهر **حزب التحرير الإسلامي** في مطلع خمسينيات القرن العشرين ، أسسه الشيخ تقي الدين النبهاني ، لكنه لم ينجح في البروز مثلها رغم أنه تفوق عليها نظريًا بطرح أُسُس سياسية (دستور إسلامي) ورؤية اقتصادية إسلامية ، ولعب دورًا يوازي دورها نتيجة لرؤيته للعمل وفق نظرية النصرة: مطالبة ضباط في الجيش بنصرة الحزب والقيام بانقلاب عسكري وتسليم السلطة للحزب لينفذ هو فكرته عن نظام الحكم الإسلامي (تم تجاوز نظرية النصرة مؤخرًا باعتماد الجهاد المباشر ، وتشكيل قوة مسلحة من قبل فرع الحزب في عدد من الدول كتركمانستان وإندونيسيا)، والدعوة لاستعادة نظام الخلافة ، وقراءته السياسية النمطية التي ترى أن كل ما يدور في العالم من صراعات وما ينفجر فيه من أزمات ، وما يحصل من مشكلات كله من صنع الإنكليز.

## عنف الحركات السنية

اعتمدت حركة الإخوان المسلمين على المحاضرة والصحيفة والمجلة والكتاب والتربية والمدرسة والرحلات والمخيمات والأنشطة الاجتماعية في أسلمة حياة المجتمع في كل جوانبها ، حيث كان منهاجها مرتبطًا بإيقاع: رجل مسلم في تفكيره وعقيدته ، بيت مسلم في تفكيره وعقيدته ، شعب مسلم ، حكومة مسلمة. لكنها ما لبثت أن شكلت جناحًا عسكريًا تحت اسم

"**النظام الخاص**" ، وذلك بذريعة أن "**الإمساك بالسلطة، التي لا تُطلب لذاتها بل لأنها أداة فعالة في سبيل الدعوة**" ، ضرورة ، لأن الله "**يزع بالسلطان مالا يزع بالقرآن**" ، وبالتالي فالجهاد "**ضرورة حتمية**" ، كاشفةً عن نيتها استخدام القوة دون تحديد استراتيجية محددة ، معتمدةً تكتيك سرّيّة التنظيم وعلنية الدعوة. قام "**النظام الخاص**" بعدة عمليات اغتيال ، مثل اغتيال رئيس الوزراء المصري النقراشي باشا ، والتي ذهب الأستاذ حسن البنا نفسه ضحية لها ، واغتيال القاضي أحمد الخزندار ، وقد أشير فيما بعد إلى فشل الأستاذ البنا في السيطرة على "**النظام الخاص**" ، حيث تمرّد عبد الرحمن السندي على تعليمات المرشد العام ، ثم حاول المرشد العام الثاني حسن الهضيبي (1953 – 1973) بعد اختياره مرشدًا عامًا السيطرة على النظام الخاص لكن أعضاء هذا النظام قاوموا ذلك ، وعندما تعاون المهندس سيد فايز (من كوادر النظام الخاص) مع المرشد العام قام أعضاء النظام الخاص باغتياله بطردٍ متفجر أُرسل إلى بيته يوم 21/ 11/ 1953.

اصطدمت الحركة بالنظام السياسي الجديد (نظام ثورة 23 تموز 1952) ، ودخل الآلاف من أعضائها المعتقل ، وهاجر منهم الآلاف إلى الدول العربية والإسلامية ، السعودية بخاصة ، حيث برز متغيران أساسيان: الأول تغير فكري بالانتقال إلى فكرة جاهلية المجتمع وتكفير الأنظمة وتبني أطروحة الحاكمية ، التي أطلقها

الباكستاني أبو الأعلى المودودي؛ والثاني التحاق الإخوان المسلمين بالسياسة الخليجية بعامة، والسعودية بخاصة، حيث حصل تلاقح فكري — سياسي بين النظرة الإخوانية، التي تكفر الأنظمة الحديثة، والسلفية الوهابية، التي تكفر المجتمع عبر التمييز بين توحيد الربوبية (ينطوي برأيها على الشرك) وتوحيد الألوهية (التوحيد الخالص) وترفض وجود أصول وفروع في الدين، كما تكفّر المختلف في الفروع كما في الأصول بحيث يصبح إيمان معظم المسلمين موضع تساؤل.

لقد اجتمع تكفير الأنظمة إلى تكفير المجتمع في نشاط سياسي امتد إلى كافة الدول الإسلامية، حيث وفّر المال السعودي والدعم السياسي إمكانيات كبيرة للتحرك. هذا دفع الفكر السلفي الوهابي إلى الانتشار عبر كوادر حركات الإخوان المسلمين في أصقاع الأرض، والاشتراك في معركة ضد الفكر الماركسي وضد الدول الشيوعية في إطار الحرب الباردة، التي كانت السعودية طرفًا فيها إلى جانب المعسكر الغربي. وقد ترتّب على بروز هذين العاملين قيام اتجاه أكثر راديكاليةً في التعامل مع الأنظمة والمجتمعات، دشّنه الأستاذ سيد قطب في كتابه: "**معالم في الطريق**"، ومحور فكرته قائمة على مفاصلة واعتزال الأنظمة "**الكافرة**" حتى تتمكن الطليعة المسلمة من إجراء تغيير قاعدي/ شعبي وتُسقط هذه الأنظمة. لقد أقام الأستاذ سيد قطب

نزوعه السياسي على جاهلية المجتمع ، وكفّر الأنظمة ودعا إلى ضرورة اعتزالها وعدم المساهمة في حل مشكلاتها ، حيث استنكر تقديم مقترحات وأنظمة تعالج الواقع الحالي للشعوب الإسلامية ، واستهجن القيام بأية دراسات من هذا القبيل ، واعتمد "**الحاكمية**" كأساس نظري لكل سلوك سياسي أو اقتصادي أو اجتماعي ، ورفض الاستفادة من منجزات الحضارة الغربية. أفرز هذا التوجه ، الذي تزامن مع سيطرة "**النظام الخاص**" على الحركة بعد عام 1973 ، خطًا متشددًا بين جيل الشباب بخاصة ، بعد أن كان شيوخ الحركة قد رفضوا أطروحات الأستاذ سيد قطب حول جاهلية المجتمع و"**الحاكمية**" ، فقد أصدر المرشد العام الثاني حسن الهضيبي كتابه: "**دعاة لا قضاة**" عام 1969 للرد عليها ، حيث أكد أن "**نظرية "الحاكمية" التي أخذها سيد قطب عن المودودي وألبسها سلوكًا اعتراضيًا جهاديًا ليست واردة في أية آية من آيات الذكر الحكيم، أو في أي حديث من أحاديث الرسول**" ، وأكد رفض الفكرة ومضاعفاتها ، خاصة التكفير والإقصاء ، واعتبر حركة الإخوان المسلمين جماعة "من" المسلمين وليست جماعة المسلمين ، ولا تَعتبر مَن ليس معها أو خرج عليها غير مسلم. ودعا الدكتور محمد فتحي عثمان (أحد قادة الإخوان) إلى اجتثاث جذور الفكر الانقلابي عمومًا الذي يعتقد أن إزاحة أفراد وفرض أفراد بالقوة من الأعلى يكفي لإقامة نظام إسلامي ما دام الشعب مسلمًا بصفة عامة...

أطلقت أطروحة الأستاذ سيد قطب المتشددة نقاشات داخل الحركة وفي المجتمعات العربية والإسلامية ، نجم عنها بروز تيارات فكرية ومواقف عملية أكثر جذرية من الحركة ، إنْ في موقفها من الأنظمة أو من المجتمعات ، عبرّت عن نفسها بحركات جديدة مثل تنظيم الجهاد وجماعة المسلمين... الخ.

"**تنظيم الجهاد**"، الذي خرج من تحت عباءة الإخوان المسلمين ، أعاد صياغة أفكار الأستاذ سيد قطب وحولها إلى فكرة انقلابية جسدها كتاب زعيم الجماعة محمد عبد السلام فرج "**الفريضة الغائبة**" أي الجهاد ، وهي تدعو إلى الانسلاخ عن المجتمع الذي وصمْه بالكفر ، وإلى إقامة تجمع إسلامي جديد خارجَه ، وعندما يتمكن هذا التجمع ينقض على المجتمع الكافر ليدمّره ويزيله ويقيم المجتمع الإسلامي من جديد. ودعت "**جماعة التكفير والهجرة**" بقيادة شكري مصطفى إلى مفاصلة المجتمع الكافر ومهاجمته بكل الطرق. كما تبنت "**جماعة شباب محمد**" بقيادة صالح سرية خيار الانقلاب العسكري. وكلها مارست ذلك باستخدام العنف ، كهجوم "**شباب محمد**" الفاشل على الكلية الفنية العسكرية في القاهرة عام 1974 ؛ وخطف واغتيال "**التكفير والهجرة**" لوزير الأوقاف المصري الدكتور محمد حسين الذهبي عام 1977 ؛ وكذلك اغتيال الرئيس أنور السادات عام 1981 ، والاعتداء على المال العام وعلى السواح الأجانب... الخ ؛ وقام نظيرها

الجزائري بذبح أسر كاملة أطفالًا وشيوخًا ونساءً، دون تمييز. حتى الحركات المعتدلة، مثل **"جمعية الشبيبة الإسلامية"** في المغرب، لم تنجُ من جرثومة العنف، فقد قامت عام 1975 باغتيال المحامي عمر بن جلون (عضو المكتب السياسي للاتحاد الاشتراكي للقوات الشعبية)؛ وتبنت **"جماعة التبليغ"** المغربية مواقف متطرفة، خاصة وهي — حسب الدكتور عابد الجابري — **"تستند إلى ما هو حاضر دومًا في نفوس ووجدان أفراد الطبقات المتوسطة ... الدين"**؛ و"حركة النهضة" التونسية التي هاجم أعضاء منها مقرًا للحزب الاشتراكي الدستوري الحاكم في حي القصبة في العاصمة تونس يوم 17 /2 /1991 وضربوا أعضاء من الحزب المذكور كانوا يناوبون فيه قبل أن يصبوا عليهم البنزين ويوقدوا فيهم النار وهم أحياء. ولم يجد الأستاذ راشد الغنوشي في ما حصل، وهو رئيس "النهضة" المصنف كمعتدل، سوى رد فعل على عنف السلطة. كذلك فعل المشايخ الوسطيون كالشيخ محمد الغزالي، الذي شهد محاكمة قتلة الكاتب المصري فرج فودة، وكان قد أفتى بقتله بعد أن اعتبره مرتدًا، فقال **"بجواز أن يقوم أفراد الأمة بإقامة الحدود عند تعطيلها، وإن كان هذا افتئاتًا على حق السلطة، ولكن ليس عليه عقوبة، وهذا يعني أنه لا يجوز قتل من قتل فرج فودة"**، مع أن الشيخ الغزالي كان موجودًا في المناظرة التي قُتل إثرها فودة، وسمع الأخير يقول

أمام الملأ: "الدين أسمى وأجل من توريطه في الحزبية والسياسة المباشرة" (فيديو المناظرة 1992).

أما حركة الإخوان المسلمين في سورية فقد تميزت في بدايتها باعتمادها على العمل الإيجابي والسلمي، الذي تبناه المراقب العام الأول الدكتور مصطفى السباعي وزميله محمد المبارك، والاستفادة من منجزات الحضارة الغربية، ولم تنصّ في وثائقها التأسيسية على تطبيق الشريعة الإسلامية، فالسباعي هو الذي عدّل مادة "**الإسلام دين الدولة**" في دستور عام 1950 وحوّلها إلى "**الإسلام دين رئيس الدولة، والشريعة الإسلامية مصدر أساسي للتشريع**"، وكان قد اقترح إضافة مادة إلى الدستور تقول: "**المواطنون متساوون في الحقوق، لا يحال بين مواطن وبين الوصول إلى أعلى مناصب الدولة بسبب الدين أو الجنس أو اللغة**" لكن لم يؤخذ بها، كما أيد التوجهات الاشتراكية لرئيس الجمهورية (جمال عبد الناصر أيام الوحدة)، وأصدر كتاب: "اشتراكية الإسلام" عام 1959، وأيد قانون الإصلاح الزراعي.

غير أن الأوضاع داخل الحركة تغيرت بعد وصول مجموعات من حركة الإخوان في مصر كانت قد فرت بعد حملة النظام المصري عليهم في العام 1953، ونقلها بذرة استخدام العنف إلى أوساط الحركة السورية على خلفية الاتعاظ بالتجربة وعدم الثقة بالأنظمة الوطنية التي لا تتبنى الخيار الإسلامي. وقد

وجد هذا التوجه مبرراته في توجهات السلطة السورية بعد 8 /3 /1963، ودخل حيز الممارسة بالانتقال إلى المجابهة المباشرة التي جسدها اعتصام حماة نيسان 1964، والذي دام 29 يومًا احتجاجًا على أطروحات "**حزب البعث العربي الاشتراكي**" الحاكم، الذي سيطر على الدولة عبر انقلاب عسكري، وعلى توجهاته التي اعتبروها معادية للإسلام، وخاصة أطروحات الأستاذ زكي الأرسوزي الذي اعتبر العصر الجاهلي العصر الذهبي للعرب. وقد عمّق الفجوة وكرّس التشدد قيام السلطة بالرد على الاعتصام بقصف المسجد، حيث الاعتصام، بالدبابات والمدفعية. كان المراقب العام الأستاذ عصام العطار قد عكس الثقافة السائدة في أوساط قيادة الحركة في رده على إخوان حماه الذين طالبوه بالمشاركة في العصيان أو تأييده، بالقول إنه "**لا يؤمن بالوصول إلى السلطة إلا بالوسائل الديموقراطية ولو كلفه ذلك خمس مائة عام من الانتظار**".

وقد تعمق هذا التوجه إثر هزيمة 67، حيث شكلت الحركة السورية فصيلًا مقاتلًا بالاتفاق مع حركة "**فتح**" وتحت رايتها في أغوار الأردن للمشاركة في القتال ضد إسرائيل، وهذا قدّم خبرات عسكرية أتاحت فرصة تشكيل نواة "الطليعة المقاتلة" التي شكلها مروان حديد فيما بعد. وقد فاقم الأوضاع توجه السلطة السورية بشأن دين رئيس الجمهورية ودور الشريعة الإسلامية في دستور

عام 1973 ، وهذا أعطى المتشددين في الحركة ، من أمثال مروان حديد وعبد الستار الزعيم وعدنان عقلة ، تبريرًا عقائديًا لممارسة العنف ، حيث دعوا إلى الجهاد ضد السلطة "**الكافرة**" ، باعتباره فرض عين ، وشكّلوا الطليعة المقاتلة لحزب الله عام 1975 ، والتي بدأت بالاغتيالات على أساس طائفي ، على خلفية استثمار الغضب الشعبي العميق من ممارسات النظام التمييزية بين المواطنين — كإعطائه أفضلية لأبناء الطائفة العلوية في الوظائف العامة ، وخاصة في الجيش والمخابرات ، سعيًا منها لجذب المواطنين الى صفوفها ، لكنها لم تنجح في ذلك لأن الثقافة السياسية والاجتماعية السائدة في المجتمع السوري لم تتقبل هذا السلوك.

لم يقبل النظام إعلان قيادة الحركة أن لا علاقة لها بالطليعة المقاتلة ، وأصدر القانون 49 لعام 1980 القاضي بإعدام المنتسبين للحركة ، ما زاد في حدة العنف الذي ذهب ضحيته الآلاف ، وطال الدمار مدنًا آخرها حماه عام 1982.

كشفت المواجهة التي استمرت متقطعة لعدة سنوات (1976 — 1982) عن وجود انقسام عمودي داخل حركة الإخوان المسلمين ، بين تيار شامي /دمشقي سلفي سلمي ، وآخر حلبي صوفي صدامي ، وقد قامت قيادة الحركة — من التيار الشامي آنذاك — بفصل الطليعة المقاتلة ، وسمّت أعضاءها بالفوضويين ، لكن هذا لم يوقف قضم الطليعة المقاتلة لقواعد الحركة وهيمنتها

على عقول شبابها، إلى درجة أن قياديًا في الإخوان هو الدكتور حسن هويدي لم يستطع قبول صفقة عرضها عليه حافظ الأسد في اجتماع بينهما شهر أيلول عام 1979 قائمة على وقف العنف والعمل كحركة دعوية بشكل علني ورسمي.

وقد زاد الأوضاع دقة إعلان عدنان عقلة بعد مجزرة مدرسة المدفعية 16/ 6/ 1979 عن حركته باسم الطليعة المقاتلة للإخوان المسلمين، في محاولة منه لجر الحركة إلى ما أسماه الجهاد. وقد قادت الاعتقالات الواسعة التي قامت بها السلطة في صفوف الحركة بعد تحميلها مسؤولية العمليات، إلى دخولها في "**المعركة**"، حيث أعلن الأستاذ عدنان سعد الدين – المراقب العام – التعبئة العامة والمواجهة، قبل أن تعود إلى التوجه السلمي عام 1985، حيث دخلت في مفاوضات مع السلطة وطالبت بإلغاء حالة الطوارئ والأحكام العرفية، وتعليق الدستور، ووضع دستور جديد، وإطلاق الحريات العامة والخاصة، وضمان حرية التفكير والتعبير والحقوق السياسية لجميع المواطنين دون تمييز أو استثناء، وإجراء انتخابات حرة ونزيهة، وتشكيل جمعية تأسيسية تضع دستورًا جديدًا، واعتبار الجيش مؤسسة وطنية تمثل الشعب كله وليس فئة أو طائفة أو حزبًا، قبل أن تنقطع المفاوضات بين الطرفين عام 1997، حيث أعلن مجلس شورى الجماعة في آذار 1998 "أن السلطة أرادت

تحميل حركة الإخوان المسلمين مسؤولية كل الأخطاء التي حصلت، ورفض مصالحة من هذا النوع، وأكد توجهه السلمي وتصعيد نضاله السياسي من أجل إجراء تحول ليبرالي عميق وشامل في البنيات السياسية والاقتصادية". وقد تأكد هذا التوجه السلمي في ميثاق العمل الوطني الذي أعلنته الحركة عام 2002، والذي تبنى الحل السلمي والنظام الديموقراطي في إطار التعددية السياسية الحقيقية.

نشير إلى أن السلطة السورية اتخذت موقفا سلبيًا من الميثاق، وهذا دفع المتشددين في الحركة إلى التمرد على الخط السياسي الذي تبناه المراقب العام السابق (علي صدر الدين البيانوني)، حيث أعلنوا في بيان لهم "أن السلطة لا تفهم إلا لغة القوة".

تطوّرت الحركات الجهادية خلال معركة تحرير أفغانستان من الاحتلال السوفييتي، حيث نشأ تيار جهادي شديد التطرف تحت اسم "القاعدة" (تكون الاسم بشكل عفوي ومتدرج، بدأ بإطلاق اسم القاعدة على مكتب في مدينة بيشاور الباكستانية لتسجيل المجاهدين القادمين من دول العالم الإسلامي للجهاد ضد السوفييت في أفغانستان، ثم أطلق اسم "القاعدة" على المقاتلين الذين تسجلوا في هذا المكتب – مقاتلي القاعدة – قبل

أن يتحولوا إلى تنظيم بهذا الاسم)، وهو تيار يعطي الأولوية لقتال العدو القريب.

لعبت المخابرات الأميركية دورًا في نشوء ظاهرة الأفغان العرب، حيث اشتمل التدريب الذي قدمته لهؤلاء المقاتلين على ملاحظات سياسية حول أنظمة الدول التي جاؤوا منها، وما فيها من فساد وتمييز وسياسات لا تخدم المواطنين، وحولتهم إلى ناقمين، وهكذا أطلقت الطريدة وستعمل على اصطيادها تحقيقًا لأهداف إقليمية ودولية، فعادوا بعد انتهاء معركة تحرير أفغانستان إلى تحرير بلادهم من الأنظمة الفاسدة، فانفجر العنف في مصر واليمن والجزائر، قبل أن يدفعه العدوان الأميركي على العراق عام 1991 إلى تعديل أولوياته بتقديم ضرب المصالح الأميركية في كل دول العالم، وصولًا إلى مهاجمة نيويورك وواشنطن.

في السياق، نشأت السلفية الجهادية من اتفاق أيمن الظواهري وأسامة بن لادن على تشكيل "**الجبهة الإسلامية العالمية لمواجهة الصليبيين واليهود والأمريكان**" بدمج تنظيم الجهاد الإسلامي المصري في الخارج بتنظيم القاعدة، فتحول تنظيم القاعدة، الذي كان حسب مدير مكتب راند كربوريشن في واشنطن بروس هوفمان "**منظمة إقليمية ذات برنامج يتسم بالتعقل والحذر**"، ووصل إلى ما هو عليه الآن: تنظيم ذي

امتدادات في عدة دول ببرنامج عالمي ، منظمة عالمية تحالفت عبر الظواهري مع مجموعات إقليمية في الجزائر والمغرب والفيليبين وكشمير والشيشان وأندونيسيا. وقد أدى هذا الاندماج إلى تطوير الرؤية الجهادية العالمية وتطوير القدرات القتالية والإرهابية أيضًا.

لقد أحضر الظواهري الرؤية والأشخاص (المحاربين والمهنيين) من تجربة تنظيم الجهاد الإسلامي المصري ، مما جعل بالإمكان القيام بتفجيرات متزامنة في السفارتين الأميركيتين في نيروبي ودار السلام ، ناهيك عن مهاجمة المدمّرة كول وناقلة النفط الفرنسية في سواحل اليمن وتفجيرات المغرب والرياض وقطارات مدريد. وقد تشكلت فروع محلية لهذا التنظيم في دول الخليج (قاعدة الجهاد في جزيرة العرب) والمغرب العربي (قاعدة الجهاد في المغرب الاسلامي) والعراق (قاعدة الجهاد في بلاد الرافدين) ، حيث قاد الاحتلال الأميركي للعراق إلى دمج العدوين البعيد والقريب في بقعة جغرافية واحدة ، وزاد تكفير هذه الحركات للشيعة وهدر دمهم ، في تفاقم العنف في العراق وأخذه اشكالًا أكثر دموية ووحشية ، وأخيرًا "**الدولة الإسلامية في العراق والشام**" و"**جبهة النصرة لأهل الشام**" في سوريا.

## خلفية عنف الحركات السنية

تنطلق حركات السلفية الجهادية من رؤية شرعية تستبطن منهجًا يعتمد تصنيف القوى والأنظمة والمجتمعات على قاعدة

إيمان/كفر ، أضاف الأستاذ منير شفيق الذي انتقل عام 1980 من المسيحية والماركسية الى الإسلام في كتابه "**النظام الدولي الجديد وخيار المواجهة**" تصنيف الدول الى دولة مؤمنة ودولة كافرة ، ويعتبر "**الكفار**" أعداء لها ، ويقسمهم إلى أعداء قريبين (الدول العربية والإسلامية ومجتمعاتها) وأعداء بعيدين (الدول الأجنبية ومجتمعاتها) ، مع إبراز التعاون القائم بين هؤلاء الأعداء ، ويرى المخالف ، حتى في الفروع ، كافرًا ، وبالتالي دمه مباح ، وبحسب فتوى الأردني المدعو أبو قتادة دمه وماله ونسائه وأولاده كل ذلك مباح. وقد كرّس تقسيم بن لادن العالم إلى فسطاطين العنفَ كخيار أبدي ، والحقيقة أنه موقف قديم سبق طرحه من قبل فقهاء عبر تقسيم العالم الى دار إسلام ودار حرب.

وقد زاد في دوافع التشدد والغلو انتشار القوات والقواعد الأميركية في الدول العربية والإسلامية بُعيد حرب الخليج الثانية واحتلال العراق ، حيث أضيف إلى أطروحة "**التكفير**" تهمة "**الخيانة**". وهذا أدى إلى ازدياد عمليات القتل واتساع نطاق المستهدفين ، فالذي يعمل مع القوات الأميركية ، بغض النظر عن طبيعة عمله ، والذي يعمل في برامج إعادة الإعمار في العراق ، والذي يأتي لتغطية الأوضاع (صحافة تلفزيون الخ) ، والقوى السياسية التي تشارك في العملية السياسية في ظل الاحتلال ، كل هؤلاء دمهم مباح. لقد حصل ما حذّر منه عالم الاقتصاد

الأميركي ليندون لاروس (**الشرق الأوسط، 3/ 12/ 2001**) في إطار تحفظه على السلوك العسكري الأميركي الذي تلا هجمات 9/11، حيث قال: "**سيقاتل مليار مسلم أحدهم الآخر، وكلّ من حولهم، عندما يستفزهم ما يجري في الشرق الأوسط، وتتوسع هذه الحرب إلى مناطق أخرى**".

عمليات القتل الجماعي، التي قامت بها منظمة قاعدة الجهاد في بلاد الرافدين عبر تفجير السيارات في التجمعات ضد رجال الشرطة والحرس الوطني ومساجد وحسينيات الشيعة في العراق، وهجمات تنظيم القاعدة في جزيرة العرب، وعمليات القتل والذبح التي شهدتها مصر والجزائر والشيشان... الخ، كشفت عن خلل في الرؤية الشرعية والسياسية عند هذه الحركات، فالباحث في بنية هذه الحركات ورؤاها الفكرية يلمس هشاشة أساسها الإسلامي القائم على حرمة النفس الإنسانية، حيث أن معظم مؤسسي وقادة هذه الحركات يعتمدون قراءة انتقائية، ولا ينطلقون من قراءة شاملة للفقه الإسلامي ومقتضياته. فقد لاحظ د بحق الدكتور قدري حفني، أستاذ علم النفس السياسي في جامعة القاهرة، "**أن معظم أمراء الجماعات الإسلامية وكوادرها ليسوا من طلاب العلم الشرعي: بن لادن رجل أعمال، أيمن الظواهري طبيب، محمد عبد السلام فرج موظف في ديوان جامعة القاهرة، شكري مصطفى مهندس زراعي، عبود الزمر ضابط في**

**الجيش... الخ. وهذا جعلهم أحاديين ومتشددين، لأن طلاب العلم الشرعي يدرسون المذاهب الإسلامية والمقارنة بينها، فيدركون التعددية والنسبية التي ينطوي عليها التشريع الإسلامي**". يعيدنا هذا إلى مقولة منسوبة إلى الحسن البصري مفادها "**تعلموا قبل أن تتعبدوا، لأن الذين يتعبدون دون علم كثيرًا ما يتحولون إلى غلاة ويصلون في سلوكهم حد القتل**"، وإن مرجعية هذه الحركات الفكرية محدودة في عدد من الفقهاء، وقد كان لافتًا أن تنظيم الجهاد الإسلامي في مصر، الذي تبنى العنف في بداية ظهوره، قد اعتمد في مبادرته لوقفه عام 1997 على ذات المرجع الذي اعتمده عند تبنيه إياه: فتاوى ابن تيمية حول الكفر والردّة والتترس.

وهنا نشير إلى حقيقة في غاية الخطورة، فقد ترتب على اتساع نطاق التجربة الإسلامية، مكانًا وزمانًا، ومراحل الانحطاط الطويلة التي مرت بها أمة الإسلام، وتضخم الفقه، وولادة حالة يمكن وصفها بـ "**التذرر**" الفقهي، وبالتالي المجتمعي، حيث صار بإمكان كل منا أن يدعم موقفه الراهن بالاستناد إلى واقعة تاريخية أو رأي فقهي لفقيه أو أكثر، فصار المسلمون موحدين في العنوان مختلفين في البيان، وهذا جعل وضع تصور إسلامي محدد وموحد مسألة بالغة الصعوبة والأهمية في آن.

المحددات التي اعتمدتها الحركات الجهادية بجذرها السلفي (الإخواني والوهابي)، بدءًا من توحيد الألوهية وتوحيد الذات والأفعال إلى توحيد الصفات وصولاً إلى الإطلاقية التي ترفض وجود أصول وفروع في الدين، أفرزت شخصية متعصبة وممارسات عنفية، فالالتزام بالمعايير الذهنية والسلوكية لهذه الحركات لا يقيد الإنسان وحسب، بل ويجعله سلبيًا ومنفصلًا عن الآخرين، يجعله خارجيًا، منشقًا، عنيفًا وعدوانيًا، فالتعصب بحسب الدكتور قدري حفني "ميل لإصدار حكم مسبق يتصف بالجمود حيال موضوع معين"، ويضيف: "لعل أوضح أشكاله وأكثرها شيوعًا هو ما يطلق عليه تعبير 'الصور أو القوالب النمطية'، التي تتصف بعدة خصائص، لعل أهمها:

1) أنها أحكام أو أفكار قبلية، بمعنى أنها لا تقوم بناء على الخبرة المباشرة الموضوعية.

2) التبسيط الزائد، ويقصد بذلك استخدام صفة واحدة أو عدد قليل من الصفات في وصف عنصر بشري بأكمله أو أمة بأكملها.

3) التعميم المبالغ فيه، ويقصد به أن ننسب الخصائص لكافة الأفراد الذين ينتمون لجماعة معينة دون استثناء، رغم حقيقة وجود اختلافات وفروق فردية بين أفراد كل جماعة بشرية.

4) الثبات والجمود ومقاومة التغيير مهما تغيرت المعطيات الواقعية". (البوابة، 24/ 12/ 2012).

## عنف الحركات الشيعية

اعتمدت حركات الإسلام السياسي الشيعي مقاربةً للعنف تختلف شكلًا عن مقاربة حركات الإسلام السياسي السني، حيث اتجهت مباشرة إلى تشكيل ميليشيات مسلحة علنية للدفاع عن مصالح الطائفة الشيعية وتحقيق مطالبها. فقد قام السيد موسى الصدر الإيراني، الذي جاء إلى لبنان عام 1958، بتأسيس "**حركة المحرومين**" عام 1975 تحت يافطة: "**الرد على أطماع إسرائيل في لبنان ومنع توطين الفلسطينيين فيه**"، والتي شكلت بدورها جناحًا عسكريًا تحت اسم "**حركة أمل**"، وسلم الإيراني مصطفى شمران، والذي أصبح أول وزير للدفاع في إيران بعد الثورة عام 1979، المسؤولية التنظيمية للحركة، وأكمل الصدر برنامجه بتأسيس جمعية "**كشافة الرسالة الإسلامية**"، لتأطير الأطفال من 7 —18.

انخرطت الحركة في القتال مع إسرائيل خلال اجتياح 1982، ولكنها ما فتئت أن وقعت تحت نفوذ النظام السوري الذي استخدمها في الصراع الداخلي اللبناني، والتضييق على الفلسطينيين بعامة وكوادر حركة فتح بخاصة، في ضوء خلافه مع ياسر عرفات عام 1983، ودفعها بين عامي 1985 — 1987 إلى شن

هجوم واسع على مخيمات بيروت (مخيمات صبرا وشاتيلا وبرج البراجنة) وتدميرها، قامت خلال الهجوم باقتحام مشفى غزة في مخيم صبرا وشاتيلا، وقتلت الجرحى والطواقم الطبية فيه (45 جريحًا)، وقد قتلت في حربها تلك على المخيمات بحدود الـ1500 فلسطيني بالرصاص وذبحًا بالسكاكين وحِراب البنادق.

مع قيام الثورة الإسلامية في إيران برز تيار داخل الحركة يتبنى رؤية الخميني ونظرية ولاية الفقيه، تزعّمه الثنائي العائد من النجف عباس الموسوي وحسن نصر الله، وقد شكّل هذا التيار عام 1982 "حركة أمل الإسلامية" برعاية ودعم إيراني مباشر، حيث أرسلت إيران إلى البقاع اللبناني فريقًا من الحرس الثوري قوامه 1500 عنصر لتدريب الحركة الوليدة، مع تزويدها بالمال والسلاح.

في عام 1985 تبنت حركة أمل الاسلامية اسمًا جديدًا هو "حزب الله"، الذي افتتح عمله "الجهادي" بعمليات "استشهادية" ضد القوات الأمريكية والفرنسية في بيروت قُتل فيها نحو من 300 جندي، وتبنّى سياسة خطف الرهائن للتأثير في مواقف الدول، وشكّل لذلك منظمة خاصة تحت اسم "منظمة الجهاد الإسلامي"، التي قامت بخطف عشرات المواطنين الغربيين (بحدود الـ 100 مواطن في 75 عملية اختطاف). أما أشهر الرهائن فهم: الأمريكي دايفيد دودج، مسؤول فرع وكالة

المخابرات الأميركية في الشرق الأوسط ويليام باكلي ، القائم بأعمال السفارة السويسرية في لبنان إيرك ولرلي ، الباحث الفرنسي المسؤول عن مركز دراسات الشرق الأوسط المعاصر ميشيل سورا (اختُطف يوم 22 /3/ 1985 وأُعلنت تصفيته باعتباره جاسوسًا يوم 5/ 3/ 1986 ، وقد رُبط بين تصفيته وتأليفه كتاب "**سوريا، الدولة البربرية**" انتقد فيه النظام السوري)، مراسل التلفزيون الفرنسي مارسيل كودري ، الصحافي الأمريكي تشارلز غلاس ، ضابط المخابرات الأمريكي ورئيس فريق فض النزاعات التابع للأمم المتحدة في لبنان العقيد ويليام هيغنز ، الوسيط الإنكليزي المعروف تيري ويت...

وقد انحصر خطف الرهائن في البداية بالشخصيات المهمة ، لكن بعد مغادرة الرعايا الغربيين للبنان ، وبخاصة الأمريكيين ، جرى خطف أفراد عاديين للتأثير في الرأي العام الغربي لكي يضغط على حكومات بلاده لتحقيق مطالب الخاطفين ، كما قام الحزب بعمليات تفجير في الخارج (تفجيرين ضد السفارة الاسرائيلية عام 1992 ومركز يهودي عام 1994 في العاصمة الأرجنتينية بوينس آيرس وتفجير باص سياح في بلغاريا 18 /7/ 2012).

اقتتلت حركة أمل وحزب الله عام 1987 على خلفية تمثيل الشيعة ، وقف النظام السوري في حينها إلى جانب حركة أمل لأن

علاقته مع الحزب لم تكن قوية آنذاك ، وقد توثقت عام 1989 بعد مؤتمر الطائف ، قبل أن يتوصلا إلى صيغة توزيع أدوار مع أرجحية للحزب ، وتُرك هامش للحركة تتحرك فيه ، واستخدمها في المنعطفات الحساسة للعب دور المهدئ والإطفائي.

تبنت حركة أمل وحزب الله سياسة إقصائية بإلزام أبناء الطائفة الشيعية بالانخراط في منظمات شيعية حصرًا ، والضغط على مثقفي الطائفة وناشطيها ، الذين شكلوا في السابق قاعدة واسعة للمنظمات الفلسطينية (كان القائد العسكري لحزب الله عماد مغنية عنصرًا في أمن حركة فتح) وللأحزاب القومية واليسارية ، لترك هذه الأحزاب والالتحاق بأحدهما أو تحمّل تبعات ذلك. وقد استخدم حزب الله العنف ضد الرافضين منهم ، حيث قام باغتيال المفكرَين الشيوعيين الدكتور حسين مروة (17/ 2/ 1987) ، والدكتور حسن حمدان الشهير باسم مهدي عامل ، (18/ 3/ 1987) والكادرين الشيوعيين سهيل طويلة (24/ 2/ 1986) وخليل نعوس (21/ 2/ 1986).

في مرحلة لاحقة ، وبعد أن احتل الحزب موقعًا متقدمًا في المخطط الإيراني السوري ، تبنّى أسلوب الاغتيال لتصفية المعارضين لسوريا من السياسيين اللبنانيين. وقد اتهمت المحكمة الدولية الخاصة بلبنان خمسة من عناصره باغتيال رئيس الوزراء الأسبق رفيق الحريري ، كما اتهمه خصومه اللبنانيون

باغتيال جبران تويني ووليد عيدو وبيير الجميل وبقية الـ 14 شهيدًا ، وبمحاولة اغتيال مروان حمادة ، واغتيال اللواء وسام الحسن. روى الشهيد سمير قصير قبيل استشهاده أنه لاحظ أن سيارة تتبعه في كل تحركاته في بيروت ، فتحدث عن الموضوع مع الصحفي المقرب من حزب الله إبراهيم الأمين ، رئيس تحرير جريدة الأخبار التابعة للحزب ، والذي أجرى اتصالات بجهات في الحزب فتوقفت المتابعة. وقد دفعت إيران الحزب للانخراط في القتال إلى جانب النظام السوري في المواجهة المحتدمة بينه وبين الثورة الشعبية ، فأرسل مقاتليه إلى الأراضي السورية تحت ذرائع وادعاءات عمّقت الشرخ المذهبي بين السنة والشيعة. لم يكتف بانخراطه هو ، بل سعى إلى تحريض الشيعة في الدول العربية على ذلك ، فقد أرسل وفدًا كبيرًا (55 عضوًا من قيادته) إلى النجف للمشاركة في الاحتفال بذكرى ميلاد المهدي ، الذي يصادف يوم 15 شعبان ، وحضّ الشيعة المشاركين في الاحتفال على "**الجهاد**" في سوريا.

في حرب الـ 33 يومًا عام 2006 ، خاض الحزب قتالًا بطوليًا ، فقد صمد في وجه الآلة العسكرية الإسرائيلية ، وأفشل الهجوم ومنع جيش العدو من تحقيق أهدافه ، لكن القرار 1701 أبعده عن الحدود وقيد حركته ، وهذا دفع خصومه السياسيين في تكتل 14 آذار الى المطالبة بنزع سلاحه فردّ باستخدام قدراته

العسكرية ، واجتاح بيروت في 7 آيار 2008 ، وأطلق ظاهرة أصحاب القمصان السوداء لترهيب خصومه ، وقد أقدموا على قتل هاشم السلمان عضو حزب الانتماء اللبناني الشيعي أمام السفارة الإيرانية في بيروت.

في العراق ، اتجهت حركات الإسلام السياسي الشيعي ، وتحت تأثير انتصار الثورة الإيرانية عام 1979 ، إلى تشكيل أجنحة عسكرية وإلى خوض مواجهة مباشرة مع النظام العراقي والعمل على تنفيذ برنامجها السياسي وتحقيق أهدافها بالقوة. ففي نهاية عام 1980 شكّل محمد باقر الحكيم ، بدفع من آية الله الخميني ، منظمة بدر (فيلق بدر) والتي تلقت التدريب على أيدي الحرس الثوري الإيراني الذي زوَّدها بالأسلحة الخفيفة والثقيلة بما في ذلك المروحيات ، والتي بدأت عملياتها العسكرية ضد النظام العراقي بعد فتوى آية الله محمد باقر الصدر بمواجهة النظام العراقي بالقوة باعتبارها "**واجبًا شرعيًا**" ، وقد خاضت ضده معارك كبيرة ، وقصفت القصر الجمهوري 1998 ، واغتالت قيادات عسكرية وأمنية بما فيها محاولة اغتيال عدي صدام حسين 1996.

كما شكّل محمد طبطبائي وقيس الخزعلي وأكرم الكعبي ، بدفع إيراني أيضًا ، كتائب "**عصائب أهل الحق**" (نيسان 2003) التي شنت عمليات ضد القوات الأمريكية في العراق بدءًا من عام 2004 ، وقد أعلنت أنها نفذت 6000 عملية ، قبل أن تنخرط في

الحرب الطائفية ضد السُنّة التي شهدها العراق بين عامي 2006 — 2008 ، وهي تشارك الآن في القتال إلى جانب النظام السوري بحجة حماية المزارات الشيعية في سوريا.

كما تشكلت عام 2003 ، برعاية إيرانية أيضًا ، كتائب مقاتلة: كتيبة أبي الفضل العباس ، وكتيبة كربلاء ، وكتيبة زيد بن علي ، لتجتمع تحت اسم موحد هو **"كتائب حزب الله العراقي"** ، وأخيرًا جيش المختار الذي يقوده واثق البطاط ، وقد قامت هذه الكتائب بعمليات ضد قوات الاحتلال الأمريكي ، قبل أن تنغمس في الحرب الطائفية مع السنة في الفترة من 2006 إلى 2008 ، ثم لتنتقل عناصر كتيبة أبي الفضل العباس إلى سوريا للقتال إلى جانب النظام السوري. هذا وقد تحدث البطاط عن القتال في سوريا باعتباره مصداقًا للروايات الشيعية عن القتال مع **"المهدي"** ضد **"السفياني"** في بلاد الشام ، واعتبر الجيش السوري الحرّ هو جيش السفياني ، وقال إنه يُعِدّ جيشًا لغزو السعودية وقتل الكفار والصلاة في الحرم.

كما قام مقتدى الصدر في أواخر عام 2003 بتأسيس تنظيم عراقي مسلح تحت اسم **"جيش المهدي"** ، مكون من مقلِّدي والده السيد محمد صادق الصدر ، لمواجهة القوات الأمريكية ، فقد اتخذ من قتل متظاهرين من أنصاره محتجين على إغلاق صحيفة **"الحوزة"** ذريعة مباشرة لبدء المواجهة مع القوات الأمريكية. وقد

قام الجيش المذكور ، أو ما يسمى بفرق الموت ، بعمليات خطف وقتل جماعي ضد السنة العراقيين وضد من يخالفه الرأي في بغداد والبصرة وبعض مدن الجنوب الأخرى ، فأعمال القتل والذبح الرهيبة والإبادة الجماعية والتهجير الطائفي القسري لسنّة بغداد وديالى ، التي حدثت بعد تفجير مرقد الإمامين العسكريين في سامراء عام 2006 ، كانت بمشاركه من عناصر من جيش المهدي وبأوامر مباشرة من مقتدى الصدر نفسه.

وقد شاركت عناصر من جيش المهدي في القتال إلى جانب النظام السوري في منطقة السيدة زينب ، لكن التيار الصدري أعلن تعليقًا على مقتل أبو درع في سوريا أنه غير معني بالموضوع لأن القتيل منشق عن الجيش ، وأكد أن زعيم التيار طالب الأجهزة الأمنية في أكثر من مناسبة باعتقال أبو درع ، المشهور بسفاح بغداد ، مشددًا على رفضه تدخُّل الأطراف العراقية في الشأن السوري.

أما في اليمن حيث ينتشر المذهب الزيدي ، وهو مذهب شيعي أخذ بعض نظرياته عن حركة المعتزلة ، فتشكلت في شماله حركة أنصار الله ، وهي حركة سياسية دينية مسلحة ، عرفت باسم "الحوثيين" نسبة إلى مؤسسها حسين الحوثي ، وقد اتخذت من مدينة صعدة مركزًا رئيسًا لها.

اتهمت الحركة الحوثية الحكومة اليمنية بالتمييز ضد الزيدية ، واتهمت السعودية بدعم النظام اليمني والجماعات الجهادية السلفية بالأموال لقمع المذهب الزيدي ، بينما اتهمتها الحكومة بالتخطيط لإسقاطها وإقامة نظام قائم على مبدأ الإمامة الذي كان قائمًا في اليمن قبل ثورة 1962 ، وبالقيام بنشاطات شبيهة بما يقوم به حزب الله في لبنان ، بما في ذلك التحريض على الولايات المتحدة في المساجد. خاضت الحركة بدءًا من عام 2004 ستة حروب مع حكومة علي عبد الله صالح ، وحربًا سابعة مع السعودية في ما عرف بنزاع صعدة.

اتهمت اليمن إيران بدعم جماعة الحوثيين والتدخل في الشأن الداخلي اليمني وزعزعة استقرار البلاد ، وأعلنت في عام 2009 ضبطها لسفينة إيرانية محملة بالأسلحة مرسلة لدعم الحوثيين. وقد نفت طهران الاتهامات.

جددت الحكومة اليمنية تأكيداتها بشأن الدعم الإيراني للحوثيين ، وضبطت يوم 23 /1/ 2013 السفينة "جيهان 1" المحملة بـ 48 طنًا من الأسلحة والمتفجرات وصواريخ مضادة للطائرات قادمة من إيران ، وتقدمت بطلب لمجلس الأمن الدولي للتحقيق في القضية وقد استجاب مجلس الأمن لطلبها لكن النتائج لم تعلَن الى الآن.

لقد لعبت عدة عوامل دورًا كبيرًا في انتشار حركات الإسلام السياسي ، والجهادية بخاصة ، وكسبها الأنصار والمتعاطفين ، أهمها:

1) الإسلام ، فتبني المرجعية الإسلامية له جاذبيته ، ذلك أنه يضع صاحبه في تطابق واتساق مع عقيدة المجتمع ، فيجعل قدرته على التواصل والتفاهم مع المواطنين عالية واستقطابهم وتحشيدهم كبيرًا.

2) دعم أمريكا لإسرائيل التي اغتصبت فلسطين ، ونكّلت وما تزال بالفلسطينيين ، واعتدت باستمرار على الدول العربية ، إضافة لاحتلال العراق وأفغانستان وتدميرهما.

3) الدعوات العنصرية ضد الإسلام والمسلمين ، والتعبئة ضدهما ، وارتفاع حدة الاحتكاكات والمواجهات في عدد من الدول الأوروبية عبر قرارات رسمية (منع الحجاب في فرنسا) أو حزبية (دعوة أحزاب يمينية في هولندا والدنمرك وبلجيكا لطرد المسلمين) أو حملات إعلامية (الرسوم الكاريكاتيرية التي أساءت للرسول عليه السلام) وفي أمريكا (التحريض على الإسلام ووصفه بالدين الإرهابي ، وقيام بعض القساوسة بحرق القرآن الكريم وتصوير أفلام تشهّر بالإسلام).

4) موقف الغرب السلبي من الثقافة الإسلامية ، وعدم اعترافه بالتعددية الثقافية في العالم ، وسعيه لقولبة المسلمين

بقوالبه (حديث توني بلير رئيس الوزراء البريطاني الأسبق عن عدم معارضته لممارسة الإسلام العادي ، أي الاكتفاء من الإسلام بإقامة الصلاة والصيام) ، وفرض السيطرة والهيمنة الفكرية والثقافية عبر الترويج لأطروحةِ عالميةِ القيم الغربية والتبشير بما أسماه صموئيل هانتنغتون: "صراع الحضارات".[5]

---

([5]) الإسلام السياسي والعنف – علي العبد الله – مقال – جريدة الجمهورية الإليكترونية – 12/ 11/ 2013 – الرابط:

http://aljumhuriya.net/22108

## "ابن حميد":

## المنهج السلفي غير مسؤول عن أخطاء بعض المنتسبين إليه

غزوان الحسن

سبق — الرياض:

أكد الشيخ الدكتور صالح بن حميد خلال ندوة "**حركات الإسلام السياسي الخطاب والواقع**"، ضمن فعاليات النشاط الثقافي للمهرجان الوطني للتراث والثقافة (الجنادرية 29) في يومه الثاني، أن السلفية ليس لهم لقب يعرفون به ولا نسب ينتسبون إليه، وأن منهج السلفية ليس حقبة تاريخية، بل هو مستمر وغير متقيد بزمان ومكان، فليس هناك من جماعة معينة محصورة تمثل هذا المنهج.

وقال: إن الإمام العالم الشيخ ابن باز — رحمه الله — أجاب لما سألوه قائلاً: "**السلف الصالح هم الصحابة — رضي الله عنهم — ومن سلك سبيلهم من التابعين من الحنفية والمالكية والشافعية وغيرهم**".

واعتبر أن "من القصور حصر منهج السلف الصالح في بلد أو فئة أو قضايا معينة أو علم معين، فليس ثمت جماعة محصورة تمثِّل هذا المنهج، بل هناك أفراد تنتمي وتنتسب إليه وتسعى لتحقيق هذا المنهج".

وشدد ابن حميد على أن المنهج السلفي غير مسؤول عن أخطاء بعض المنتسبين إليه، وإنما تنسب الأقوال لقائليها.

وأوضح بعض معالم هذا المنهج ومنها العناية بلزوم الجماعة والسمع والطاعة والأمر بالمعروف والنصيحة بإخلاص وحفظ الحق والمكانة والبعد عن التشهير والتشنيع والأمر بالمعروف والنهي عن المنكر.

وأضاف أن من معالمه أيضاً أن مصدر التلقي هو الوحي، بالإضافة إلى عدم التعصب إلا للحق، وعدم التعصب يقترن بعدم ادعاء العصمة والتفريق الظاهر بين الحكم على الأوصاف والحكم على الأعيان، موضحاً أن الحكم على الأعيان فيه من الضبط والتورع ومساحة الاجتهاد فيه واسعة.

ولفت ابن حميد إلى أن أعداء الإسلام والمتربصين يقفون موقفاً صارماً من كل دعوة تدعو للحق.

وتحدث الدكتور رشيد الخيون من جمهورية العراق عن الإسلام السياسي الشيعي في العراق، مبيناً خطأ وسائل الإعلام

في تناول موضوع الشيعة في الإسلام الشيعي ، ووصفهم بأنهم كتلة واحدة ولا يوجد بينهم أي صراع يذكر أو خلاف.

وقال: "على العكس تماماً هناك خلافات في صفوف الشيعة داخل العراق وصلت إلى هدر الدماء".

واعتبر أن "الطائفية في المجتمع العراقي لم تنزل إلى المجتمع، بل بقيت عند القيادات السياسية".

وقال الخيون: "ظهور مصطلح الإسلام السياسي برز حديثاً عند استلام الإسلام السياسي الشيعي جزءاً كبيراً من السلطة".

ولفت إلى أن "الإسلام السياسي الشيعي ينقسم إلى قسمين القسم العقائدي الذي يمثله الإخوان الشيعة الذين يتخذون الحاكمية التي تعتبر واحدة عند الإسلام السياسي الشيعي والسني لكن مع اختلاف التوصيف".

وأوضح: "هؤلاء يقولون الحاكمية لله ويتكلمون عن ولاية الفقيه وهي نيابة الإمام". وأما القسم الثاني فهو "الإسلام السياسي غير العقائدي الذي نشأ بظروف ثورية". وأرجع "سبب ضعف الإسلام السياسي في العراق إلى النزاعات السياسية في الداخل والخلاف الموجود".

وقال: "الإسلام السياسي الشيعي ليس قائماً على نظرية بناء دول وما شابه، بل قائم على هو موقع رئيس الوزراء في العراق".

كما تحدث الدكتور مهند مبيضين عن الحالة السياسية للإسلام في الأردن الذي استند إلى الشرعية التاريخية والدينية في الحكم، مبيناً عدم نشوء أحزاب سياسية مبنية على أساس أيديولوجي سوى عدد من الأحزاب التي كانت تتأثر بأحزاب دول الجوار.

وتحدث الدكتور عبد الله آل الشيخ عن الفوائد في الحوار الديني الذي رعته المملكة، مبيناً أن السعودية هي ليست دولة دكتاتورية إرهابية كما يصفها البعض، بل هي دولة إسلامية منهجها كتاب الله وسنة رسوله، ولا قداسة لملك وعالم أو فقيه أو تاجر، وإنما في أعناقنا بيعة شرعية لولي الأمر نحيطها بالطاعة.

وتحدث كذلك عن الرؤية الغربية للإسلام السياسي في الوطن العربي قبل وبعد أحداث سبتمبر وما ساعدت هذه الأحداث من تأجيج الصراع في أدبيات السياسة العربية.[6]

---

[6] "ابن حميد": المنهج السلفي غير مسؤول عن أخطاء بعض المنتسبين إليه تقرير – موقع سبق الإخباري – 2/ 2/ 2014 – الرابط:

http://sabq.org/kvRfde

## أهمية تسائلات التنوير لمدارس الاسلام السياسي

### الشيخ غيث التميمي الكاظمي*

واجه الشيعة تساؤلات التنوير الديني بشكل أكثر وضوحاً بعد قيام الثورة الاسلامية في ايران لان مفردات الدولة مثل: المدنية ، النظام الاجتماعي ، القانون ، التعليم ، حقوق الانسان ، الحريات الخاصة والعامة ،الفنون ..الخ اصبحت عندهم واقعا يعيشونه بعيدا عن جدل علم الكلام والاستلال الفقهي.

مع الأخذ بنظر الاعتبار أن "رسائل اخوان الصفا" وبعض النصوص الواردة في التراث الشيعي التي تدل على أن أتباع مدرسة الإمامة خاضوا في مسائل تعتر بمثابة التاسيسات الأولية للتنوير الديني الذي يعتمد (التجربة البشرية والتجربة النبوية ولا يفرط بأي من هذين الركيزتين لصالح الاخرى كما يقول سروش.

فالتراث الشيعي الفقهي والفكري شهد انتصاراً واضحاً للتجربة البشرية إذا ما تمت مقارنته بمدارس الفقه الاسلامي الاخرى فالمشروطة والمستبدة للنائيني ورفض المحقق الاصفهاني حصر ادلة الاستنباط في (الكتاب والسنة والاجماع والعقل)

واعتبار تحصيل الحجة – بأي طريق كانت – دليلاً شرعياً يمكن الاعتماد عليها لتكون أسس لأي باحث ومنظر شيعي.

وصولاً لجيل من رجال الدين غير التقليديين الشيعة مثل الإمام كاشف الغطاء، والسيد محسن الأمين، والسيد محمد حسن الصدر، والشيخ المظفر، وعبد المهدي مطر، والشبيبي، والإمام موسى الصدر، والشيخ محمد جواد مغنية، والعلامة السيد محمد حسين الطباطبائي، والمطهري، والسيد مصطفى جمال الدين، والوائلي، وفضل الله، والشيخ محمد مهدي شمس الدين، والسيد هاني فحص، الذي كان العلامة الابرز في تبني خطوات التنوير، علماً أن الدكتور المفكر عبد الكريم سروش يعتبر أحد نتائج النقاش بين الدين والدولة الدائرة في أروقة الحوزات الشيعية ويبرز حالياً العلامة المحقق السيد كمال الحيدري كأحد اهم العناوين الحوزية التي تتبنى مشروع مراجعة شاملة وجريئة للتراث الديني الإسلامي.

وفي ظل تمدد نفوذ تيارات الإسلام السياسي الشيعي المستندة لولاية الفقيه كمرجعية شرعية له في العراق ولبنان واليمن والبحرين والكويت والسعودية وسوريا وفلسطين على حساب المرجعية التقليدية للشيعة في النجف وتصاعد حدت الخطاب الطائفي والتيارات الاصولية السنية ابتداءً من طالبان إلى القاعدة وصولا لدولة الخلافة الاسلامية في العراق والشام داعش

؛في ظل هذا المشهد وما يكتنف من مخاطر تهدد وجود هذه المجتماعات ومستقبلها ..مما يجعل تساؤلات التنوير الديني تفرض نفسها خصوصاً في ما يتعلق بالعلمنة والتعددية والتعايش وحقوق الإنسان والعلاقات الدولية والنظام العالمي ..الخ تفرض نفسها كأساس لشكل العقد الاجتماعي المفترض للمجتمعات الإسلامية.

ومما يؤسف له أن المؤسسات الدينية المهمة لم تبادر بشكل فعلي لفتح حوار حول هذه المفردات ، فضلاً عن معالجة الثغرات الكامنة في كتب التراث الديني!! بل نجد حملات نشطة يقودها رجال دين ومرجعيات شبه أساسية أحياناً لإدانة أي مشروع مراجعة شجاعة مهما كانت بسيطة أو خجولة ، وهذا ما لحظناه في التعاطي مع الراحل السيد هاني فحص ، ولكن حسب اعتقادي أن إبقاء العلاقة بينه وبين المرجعيات الأساسية قائمة كان يمثل التحدي الأكبر للرجل وقد نجح في أن يحافظ على عمامته كمصدر إثراء وقوة لمشروعه.

لذلك أتصور أن تساؤلات التنوير ستظل قائمة وفاعلة وأساسية في مجتمعاتنا وستزداد الحاجة لها بازدياد نفوذ الايديولجيات الدينية الإسلامية في المجتمعات ، وأظن أن وجود شخصيات مثل الراحل هاني فحص ضروري لأنه القناة الآمنة لحوار أكثر عقلانية وهدوء كونه نشأ في المدارس الدينية التقليدية وتربى على مبادءها ونهل من معين روافدها فهو رسول ومصلح

داخلي يجب على كل أطراف هذا النوع من الحوار الحفاظ عليه وكم هو عميق نعي المفكر العراقي الدكتور عبد الجبار الرفاعي للسيد فحص حين نشر قائلاً : "**رحم الله العلامة السيد هاني فحص الصديق الصدوق، رسول المسلمين للسلام ورسول السلام للمسلمين، رسول الاسلام للمسيحية، ورسول المسيحية للإسلام، رسول الشيعة للسنة، ورسول السنة للشيعة..رسول لبنان في العراق، ورسول العراق في لبنان، رسول لبنان في العالم العربي، ورسول العالم العربي في لبنان..كان هاني فحص لي هو لبنان، ولبنان هي هاني فحص**".(7)

---

(7) أهمية تسائلات التنوير لمدارس الاسلام السياسي – الشيخ غيث التميمي الكاظمي – مقال – جريدة المدى العراقية – 24/ 9/ 2014 –الرابط :

http://www.almadasupplements.com/news.php?action=view
&id=11021

# فرصة للإصلاح أم منزلق لتهديد الأمن ؟

## محمد الرميحي

تشكل دراسة التيار الإسلامي السياسي في الخليج منزلقاً لم تشكله دراسة التيارات السياسية التي طفحت على سطح الخليج النفطي ، فلا التيار القومي ولا اليساري كانا بعيدين عن النقد المعمق ، وفي بعض الأحيان القاسي والمتحامل ، إلا أن تيار الإسلام السياسي لم يكن لدى كثيرين دنيوياً كالاثنين السابقين ، إنما هو ــ كما أراد أن يظهره محازبوه ــ تيار ديني. من هنا تأتي الصعوبة في التناول ، لأن معظم أبناء الخليج يدينون بالإسلام ، وهو مترسخ في ممارساتهم اليومية والتاريخية. لذا فإن نقد التيار السياسي المرتبط بالديني يشكل أمام البسطاء نقداً للدين ويهتم محازبوه أن يظهروا النقد تجاههم وكأنه نقد للدين نفسه ، نأياً بأخطائهم السياسة عن المساءلة. من هنا تأتي تلك الصعوبة المنهجية التي أشرت إليها.

وعند الحديث عن "الإسلام السياسي" في الخليج ، فنحن نتحدث عن تيارات منها كبير العدد ومنها صغيره ، ومنها أيضاً الإسلام السني ومنها الإسلام الشيعي ، وحتى بين الإسلام السنّي

هناك اجتهادات بين فرق عديدة كالسلف ، إلا أن تناولنا هنا سيكون باتجاه أغلبية الإسلام السياسي (السنّي) ونعرج بعد ذلك إلى "الإسلام السياسي الشيعي" الذي وجد له مكاناً للحركة بين أبناء الخليج الشيعة بعيد الثورة الإيرانية عام 1979. ربما تجدر الإشارة هنا ، للتوضيح منعاً للّبس ، أن ليس كل شيعي خليجي منخرطاً في تيار سياسي مذهبي ، وكذلك ليس كل سني خليجي. الحديث هنا عن النشاط المنظم وشبه المنظم ذي المنحى الديني / السياسي.

أبناء الخليج متدينون بطبيعتهم ، كما معظم المسلمين ، ولكن يضاف إليهم قربهم من الأماكن المقدسة في الحجاز وتاريخ طويل من التداخل بين أبناء هذه المنطقة من الساحل والداخل في الجزيرة العربية. ولدينا وثيقة هامة كتبها أحد الرحالة العرب في بداية القرن العشرين الفائت ، هو المؤرخ أمين الريحاني في كتابه **"ملوك العرب"** ، لما وجد في ذلك الوقت أن الإرسالية المشيخية الأميركية المسيحية ، قد طوقت الجزيرة العربية بعدد من الإرساليات التبشيرية ، في كل من البصرة والكويت والبحرين ومسقط ، كتب وهو المسيحي العربي يقول: **"أنصح الإرساليات أن تهتم بالتطبيب والتعليم. أما التبشير، فعليهم أن يتركوه جانباً، حيث إن هؤلاء البدو الفقراء لن يتركوا دينهم قط!"** هكذا كانت نصيحة الريحاني، وكانت توقعاته، وهو الخبير، في

مكانها ، فلم تستطع تلك المراكز مهما قدمت من إغراءات ، أن
تنصر أحداً من أبناء هذه المنطقة إلا القلة القليلة الهامشية ولا
تزيد عن أصابع اليد الواحدة تلك الأيام والجهل العام هو السائد
والفقر منتشر ، والحاجة الإنسانية ماسّة. ذلك دليل قوي على
تغلغل الدين الإسلامي في قلوب وعقول أبناء هذه المنطقة التي
حباها الله — بعد ذلك بالثروة النفطية وانتشار العلم والمعرفة
والإطلالة على العالم من أوسع أبوابه.

دول الخليج تأثرت دائماً بما يحدث حولها من أحداث
سياسية ، خاصة في الشام وفي مصر ، وأيضاً في مراحل من الهند
وإيران ، وقد وجدت دعوة "**الإخوان المسلمون**" المصرية التي
نشأت في نهاية عشرينيات القرن الماضي من أبناء الخليج قبولاً ،
خاصة ممن ذهب منهم للتعليم في مصر ، وبعض قادة الإخوان
المسلمين الأوائل في الخليج ، كانوا على معرفة بالمرشد الأول
الشيخ حسن البنا وعند عودتهم أسسوا ما يشابه ذلك التنظيم
الذي تزامن مع تدفق أول عائدات النفط في الخليج ، وبدأ التعليم
والنهضة الجديدة في أواخر أربعينيات القرن الماضي وأوائل
الخمسينيات منه وما بعدها. ونشأت حركات جنينية نظمت نفسها
في جماعات سَمَّتها أولاً (الإرشاد) ثم بعد ذلك (الإصلاح) ، وأصبح
"**الإصلاح**" نادياً ومقراً للمنتسبين حيث ظهرت نفس التسمية في
كل من الكويت ، البحرين ، دبي. لم تكن تلك الدعوات بغريبة أو

مستنكرة في مجتمع الخليج البسيط ذي الأغلبية السنية ، فالدعوة إلى الله دائماً مُرَحَّب بها.

منذ الخمسينيات من القرن الماضي انتشرت تلك الجماعة ، ووجدت لها أرضاً خصبة بل طبيعية حيث ركزت عملها في مجالين هما الدعوة والمساعدات الاجتماعية.

جاء الصراع بين إخوان مصر وعبد الناصر متزامناً مع تسارع تدفق دخل النفط في الخليج ، وأيضاً موقفاً مضاداً لأفكار عبد الناصر من قبل السلطات الخليجية المحلية ، ليجد إخوان مصر ومن ثم غيرهم من إخوان الشام الذين صادفوا تضييقاً عليهم في بلادهم ، ملاذاً أمناً في الخليج في ستينات وسبعينات وثمانينات القرن الماضي للعمل والدعوة في منطقة مريحة نسبياً. وأدمج هؤلاء بتسهيل من (إخوانهم) أهل الخليج ، وبسبب الحاجة إلى يد عاملة متعلمة ، في عدد من الأنشطة على رأسها التعليم ، الذي كان لهم اليد الطولى فيه.، هذا النشاط الذي مكّنهم كثيراً من التجنيد المحلي للشباب الخليجي ، الذي تم أولاً تحت إطار الدعوة الخالصة لله ، ولم تكن نشاطاتهم مثيرة للسلطة ، ثم بدأ يتوسع للدخول في العمل السياسي والإعلامي النشط.

في البداية كان لحركة الإخوان قبول من شباب المنطقة ومن سلطاتها التي لم تتبين البعد السياسي للدعوة ، كما حرص

الضيوف أن لا يثيروا الكثير من الغبار السياسي على نشاطهم، فكانوا بمعنى من المعاني (موالين) أمام تهديد التيار القومي الناصري سريع الانتشار، والأفكار اليسارية التي أصبح بعضها مسلحاً كما حال "حركة تحرير الخليج" التي حاربت بمعونة القوميين ثم اليسارين في اليمن الجنوبي وفي عمان، وكانت مُشَكَّلة من خليط من شباب الخليج، وقتها كانت الحرب ضد ما سَمَّته النفوذ البريطاني والمؤسسات الحاكمة في وقت واحد، بالمقارنة بين التيار القومي اليساري المسلح بأفكار "انقلابية" وبين تيار سياسي إسلامي مسالم، كان التفضيل للسلطات هو الأخير، خاصة أن أفكاره مقبولة في النسيج الاجتماعي المتدين الذي ينبذ كل الكافرين بالله وبأولي الأمر. هنا اختلط الهدف السياسي مع الدعوة الدينية وبعد قليل تبين الفرق بينهما.

حقنة في الذراع ― كما يمكن أن توصف ― جاءت للتيار الإسلامي السياسي السني في الخليج لتدعمه، عندما احتل الاتحاد السوفياتي أفغانستان أواخر عام 1979 (حرب العشر سنوات) وأصبحت تلك البلاد مسرح صراع أممي بين الاتحاد السوفياتي (الكافر) في نظر الإسلام السياسي، وبين القوى (المؤمنة). ولعب، خلال العشر سنوات تلك، الإسلام السياسي والقوى السياسية المحلية دوراً مركزياً في الحشد والتمويل والدعم بالرجال باتجاه مسرح العمليات في أفغانستان، ليس بعيداً عن دعم

وتشجيع القوة الأميركية وحلفائها. ونشط في تلك العشرية أشكال من القوى المنتمية للإسلام السياسي، كان الخليج محركها الهام، إلى درجة أن نقرأ في مذكرات كوندوليزا رايس – مستشارة الأمن القومي، وبعدها وزيرة خارجية إدارة بوش الابن 2000 – 2008 في كتابها الذي نشر أخيراً: "أسمى مراتب الشرف" نقلاً عن الرئيس الروسي، فلاديمير بوتين، في اللقاء الأول بين بوتين وبوش الذي عقد في 16 يونيو/ حزيران 2001 في شمال يوغسلافيا، تنقل رايس: **"وبعد القلق الذي صاحب التحضير (للاجتماع) كونه الأول للرجلين، وخلال الاجتماع، أثار بوتين – وعلى نحو مفاجئ، ودون مقدمات – مشكلة باكستان، وأدان دعم نظام برويز مشرف، بسبب دعمه للمتطرفين، وذلك الارتباط بين الجيش والمخابرات الباكستانية وطالبان والقاعدة، وقال "إن هؤلاء المتطرفين يتلقون التمويل من بعض دول الخليج، وإنه في وقت قصير جداً سينتج عن ذلك كارثة كبرى..."**. ما يهمنا هنا هو الإشارة من بوتين إلى (دعم بعض دول الخليج) وكان الدعم ذاك ربما من خلال نشاطات غير حكومية ومبادرات أهلية، لكن كان "غض الطرف الرسمي عنه" هو السائد.

في تلك العشرية (1979 – 1988) التي دارت فيها الحرب، وحتى انسحاب السوفيات في أفغانستان، نمت خلالها إرهاصات

جماعات سميت لاحقاً بـ "**الجماعات الإرهابية**" التي جندت كثيراً من شباب العرب للحرب في أفغانستان وتشربوا كل من التدريب العسكري وأيديولوجية "**الجهاد**" التي تداعت بعد ذلك إلى مناطق كارثية على دول الخليج ودول العالم. ليس من الصعب عدم الربط ، ونحن نجد أن معظم من ثبت تورطهم في كارثة 11 سبتمبر عام 2001 التي قلبت موازين القوى الدولية ، ولازالت تفعل ، هم من أبناء دول الخليج. كما اختلط بينهم مصريون وباكستانيون بعد ذلك ، ليشكِّل وجودهم في الفضاء السياسي والعملياتي ، هاجس رعب عالمي لم ينته تأثيره بعد. دخلت أيضاً القضية الفلسطينية طرفاً في الشعارات ، ومن بوابة الخليج أيضاً دعوة وتمويلاً ، فئة من الفلسطنيين الذي مروا أو سكنوا أو ولدوا في الخليج وتحت شعار "**الانتقام لفلسطين**" صبوا جهودهم لإشاعة فكر الجهاد ، واستفادوا من التسامح المرن في هذه الدول للدعوة تحت شعار الإسلام ، من أجل تنشيط دعوتهم الجهادية وحشد أنصارهم ، بعضهم أو بعض تلاميذهم تحولوا إلى "الإرهاب" الذي سُمِّي جهاداً.

من بين الإسلاميين الذين ولدوا في الكويت خالد مشعل ، وخالد الشيخ ولد في الكويت وتعلم ، وعبد الرحمن عزام مهندس الجهاد في أفغانستان كانت دول الخليج ملعبه للدعوة والتمويل ، وأيضاً عصام البرقاوي وأبو محمد المقدس وعبد الله أبو عزة ،

وغيرهم من المتشددين كثيرون كانوا في دول الخليج للتعليم وللعمل وأيضاً للدعوة.

خلط السياسي المحلي – أي المطالبة بالإصلاح المؤسسي – بقضية فلسطين وبالعداء للاستعمار، هيمن على خطاب الإسلام السياسي السنّي في الخليج ولا زال، إلا أنه ضبابي وغير واضح يزيده ضبابية أحداث سياسية، خاصة أحداث الربيع العربي، الذي من جهة أوصل قوى الإسلام السياسي المنظم وشبه المنظم (السني) إلى قيادة الحكم والسلطة في مصر وتونس ومشارك في ليبيا وفي اليمن وربما في سورية، وهي لازالت مشتعلة إذ يقوم الإسلام السياسي في دول الخليج بمهمات الدعم المالي الشعبي والإعلامي لها، كما نشطت من قبل، ولا زالت ثورة إيران النشاط السياسي الشيعي في المنطقة (لبنان) والخليج.

سقط الإسلام السياسي في الخليج في مغبة الضبابية إبان احتلال العراق للكويت، فقد اتخذ الإسلام السياسي العربي (القيادة الدولية للإخوان المسلمين) وعدد من تنظيماتهم، موقفاً شبه مؤيد لصدام حسين في احتلاله للكويت، مما دعا إخوان الكويت – تحت نقد شعبي مرير – إلى التنصل من التنظيم الدولي، وهم مستمرون في تفاصلهم معه – على الأقل علناً – حتى اليوم. كما يشتبه كثيرون في ولاء من قبل الإسلام السياسي

الشيعي إلى طهران وولاية الفقية ، الأمر الذي يرفع نسبة الشك بين مكونات المجتمع الواحد.

وصول إخوان مصر إلى السلطة جاء بالحقنة الثانية للإسلام السياسي السنّي في الذراع كما يقال ، حيث إن مصر بلاد كبيرة ومؤثرة في فضائها العربي ، وقد نشر كاتب هذا البحث مقالاً في الخليج تايم ــ دبي ــ في الأسبوع الأول من شهر يونيو/ حزيران 2012 قال فيه بالحرف الواحد ، بعد شرح مطول حول تأثير إخوان مصر على إخوان الخليج: "**مما لا شك فيه أن الموجة الأيديولوجية التي تصيب مصر الآن، سوف تصل إلى المؤمنين من إخوان الخليج، إما من خلال تمتين الشبكة الحالية القديمة من المؤيدين، أو من خلال توسيع تلك الشبكة بمناصرين جدد، يشجع ذلك انتصارهم في مصر وتونس وغيرها من بلدان الربيع، مما سوف ينتج عنه توتر عال في علاقتهم بالحكومات المحلية، وربما يؤثر على موجة المطالبة بالإصلاح الشامل باتجاه معركة أوسع.**". لم يكن ذلك التوقع المشار إليه خارجاً عن سياق الأحداث ، لقد شعرت بعض دول الخليج بحرارة تأثير وصول الإسلام السياسي إلى الحكم وأشير إلى ذلك كثيراً في إدبيات ليست قليلة.

في لقاء في ندوة نظمها مركز الدراسات الاستراتيجية في البحرين في 18 يناير/ كانون الثاني 2012 ، أشار قائد عام شرطة

دبي ضاحي خلفان ، في مداخلته من ضمن ما أشار إليه ، إلى ما سماه قوى الإسلام السياسي التي قال عنها "**إنها قوى انقلابية ترنو إلى الحكم المباشر والسيطرة على الأنظمة، وليس المشاركة السياسية معها**" ، وكان ذلك أول تصريح علني لرجل خليجي مسؤول بهذا الوضوح ، بعد أن بقي التحذير من الإسلام السياسي في الخليج حبيس الصالونات المغلقة ، الأمر الذي أثار على الرجل زوبعة من النقد في وسائل الاتصال الجديدة ، خاصة بعد إشارته إلى إخوان الكويت ، لم ينفك منها لفترة طويلة ، وذلك تأكيد للانتشار والحشد الذي يتميز به محازبو الإسلام السياسي في الخليج في مدن الخليج المختلفة.

يشكل ما أعلن عنه في الإمارات مؤخراً، ولم تعرف تفاصيله حتى الآن ، مركز الأزمة بين تيار الإسلام السياسي في الخليج ، لكن ذلك ليس الأول ، فقد كان هناك عدد من تصريحات مشهورة للمغفور له ولي عهد المملكة العربية السابق الأمير نواف بن عبد العزيز مبكرة في نوفمبر وديسمبر عام 2002 ، حيث أنحى باللائمة على حركة الإخوان التي احتضنت المملكة رجالها في الستينيات من القرن الماضي وقت مطاردتهم ، "**فانتهزوا السماحة والكرم، وعملوا على بث أفكارهم التي لا تنسجم مع الإسلام الصحيح**" ، وكان ذلك الخطأ الذي اكتشف متاخراً من السلط السياسية الخليجية حيث تبين لها أن الإخوان

كانوا دائماً أكثر ولاءً لمعتقداتهم السياسية، منهم إلى مراعاة المعروف الذي قُدِّم لهم. عطفاً على ذلك تصريح وزير خارجية الإمارات الشيخ عبد الله بن زايد في شهر أكتوبر /تشرين الأول 2012 الذي أشار إلى تورط التنظيم الدولي للإخوان، فيما أعلن عنه أخيراً من اشتراك بعض مواطني الإمارات في الإخلال بأمن الدولة، وهو أمر لم تظهر حقائقه حتى الآن بشكل جلي للمراقبين. إلا أن المتابع يرى أن علاقات الإخوان مع السلط المختلفة في الخليج تمر بيوم بارد ويوم ساخن، حسب تقلبات النشاط السياسي في المنطقة والإقليم، بعض نشاطها يسكت عنه بسبب التوظيف، عندما يكون مرحباً بنتائجه، كحرب اليسار، وبعضها مسكوت عنه بسبب عدم الرغبة في إثارة الجوار مثل إيران، وبعضها ملاحق عندما تشتد المطالب.

تيار الإسلام السياسي في الخليج — كما هو في بلاد عربية عديدة — ليس واحداً، كما أن الخلاف بين بعض فصائله بات معروفاً، وهو ينقسم إلى عدد من الانقسامات بعضها ليس مسيَّساً بالمعنى الحديث للتسيُّس، فهو ينتمي إلى حركة وسرعان ما يقول بنقيض ما تؤمن به سياسياً. هناك اليوم أيضاً حركة سلفية مثلها مثل الإخوان ليست على "قلب رجل واحد" كما يقال، دخلت العمل السياسي في الكويت — على سبيل المثال في ثمانينيات القرن الماضي. إلا أن هبة ربط الإسلام بالسياسة، كما ظهر حتى

الآن لم تتبلور تماماً في الفضاء العربي، فلا زال هناك صعود وهبوط ونقاش ساخن في كل من مصر وتونس، ليس كما حدث مثلاً في تركيا، حيث وضعت السياسة على قواعد حديثة مرتكزة على صناديق انتخاب واستعداد لتبادل السلطة من أجل العمل العام.

قوى سياسية وصلت إلى الحكم في بعض البلاد العربية تدثرت بالإسلام السياسي وحصدت أُكُلاً مراً سيئ الطعم، كما حدث في السودان، حيث اختلط العسكري بالديني بالسياسي، فضاع نصف السودان ونصفها الآخر مرشح للضياع، ولم تكن التجربة الإيرانية — على خلافها المذهبي — بمشجع أيضاً لحكم على خلفية إسلامية. تركيا هي الاستثناء، ولكن أيضاً مرت بمراحل تشدُّد عمياء، أثناء صعود أربكان إلى الحكم — خرجت بتجربة في تركيا — كما قال مستشار رئيس الجمهورية التركي السيد أرشاد هلمزلوا في محاضرة له في الكويت مؤخراً: **"نحن لا نريد أن نصدر نموذجاً، نحن نزرع حديقتنا بالطريقة التي تناسبنا ولا ندعي تصديرها!"**.

دول الخليج ليست على سوية واحدة من التطور السياسي، أي وجود دستور وفضاء انتخابي واضح وقوانيين تنظم العمل السياسي، فالتيار الإسلامي السياسي بالضرورة سيكون على شاكلة الوضع الهلامي الموجود، فهو منظم وغير منظم، وعلاقاته

مع الدولة غير واضحة ، كما أن مطالبة العامة ليست على سوية واحدة غير متفق عليها. الخطورة في العمل السياسي القائم على ادعاء الإسلام كغطاء ، أنه بالضرورة ـ مذهبي ـ في مجتمع تعددي ، أي فيه أكثر من مذهب ، سائد أو أقلية ، يسبب الارتكان السياسي على إسلام سياسي مخاطره في شرذمة نسيج المجتمع. وبالتالي هو نقيض للعمل السياسي الوطني الذي يسعى إلى خدمة المواطن كونه مواطناً لا بسبب مذهبه. كما أن تأثير أحداث الجوار تسمم العلاقة المجتمعية في الخليج بين مكوناته ، وفي المقابل تقصر إمكانيات الدولة عن ابتكار آليات للتطور السياسي المرغوب ، كما تسمع ـ راضية أو غير ذلك ـ باستخدام المنصات الإعلامية بشكل كثيف في تسهيل أرضية التجنيد للإسلام السياسي. يزيد الطين بلة في الخليج تصدي البعض للتفسيرات الدينية (شيوخ الفضائيات) و(الدعاة الجدد) من أبناء الخليج ومن غيرهم للتصدي للفتوى من غير علم وفهم عميقين. إن قشرية المعرفة الدينية تضيف إلى صناعة التجهيل ثقلاً ينوء به كاهل المتلقي الخليجي ، وهو ينطوي على شر سياسي بالغ الضرر.

حتى يتحول الإسلام السياسي إلى فرصة للإصلاح لابد أن يعترف بالسطة المدنية التي تنظم العمل السياسي على قاعدة المواطنة ، المكون الديني المذهبي سيبقى في دول الخليج لأنه من صلب المجتمع ، الخطورة في تقسيم طائفي هو بالضرورة

مناهض للمساواة المدنية ، وفي استمرار خلط المذهبي بالسياسي ، فإن تهديد الأمن الوطني سيكون مكوناً من مكونات الصراع القادم.

نظرياً أخوان مصر حاولوا تجنب ذلك المنزلق بإنشاء حزب (مختلط) فيه يقوم الإسلام السياسي بفعل من هذا النوع ، أي أحزاب على قاعدة مشتركة بين الطائفتين الأساس في المجتمع ، أم أن مصالح السياسة الآنية سوف تدفع إلى طريق أن يأتي التوتر بالمحازبين؟ ذاك هو التحدي الفكري ليس أمام أبناء الخليج فحسب بل والمستنيرين من العرب.([8])

---

([8]) فرصة للإصلاح أم منزلق لتهديد الأمن ؟ - محمد الرميحي – مقال – مجلة الدوحة الثقافية – 22 / 11 / 2012 – الرابط :

http://www.aldohamagazine.com/article.aspx?n=2821c630-
b0b0-4a90-9aa3-9a7b9e12e471&d=20121101#.UK4D24dwe8B

## ولاية الفقيه.. الإشكالات والمآخذ

### حيدر الجراح

في الفكر السياسي الشيعي نظريتان للحكم والحكومة: ولاية الفقيه وشورى الفقهاء المراجع... الأولى وجدت تطبيقها على أرض الواقع منذ العام 1979 في إيران بعد ثورتها.. الثانية بقيت مجرد تنظير يبحث عن تطبيق في الواقع السياسي الشيعي.

في التسعينات قدم العديد من الشيعة (رجال دين – مثقفون) مقاربة جديدة تجمع بين الإسلام والديمقراطية، والذين رأوا في الديمقراطية أنها يمكن أن تتحول إلى حالة ملزمة للإسلاميين من الناحية الشرعية، إذا ما تحولت إلى عقد وطني بين كل شركاء الوطن، وذلك لإلزامية العقود إسلامياً، وكذلك من خلال القناعة أن الخيار الاسلامي إذا لم يات نتيجة للإرادة الحرة للشعب، ستكون أضراره على الإسلام أكثر بكثير من بقاء الإسلاميين خارج السلطة.

احتاجت تلك المقاربة إلى أكثر من عقدين لتجد موطيء قدم لها في العراق بعد العام 2003، إلا انها لازالت في بداياتها بحكم مرجعيات حركات الإسلام السياسي الشيعي، ومدى قربها

من النظام السياسي في إيران ، والذي يطغى عليها تاثير ولاية الفقيه ، رغم ذلك استطاعت المرجعية الدينية في النجف الأشرف أن تنأى بنفسها عن هذا الاستقطاب ، وتحاول أن تقدم شكلاً مغايراً لتوجهات تلك الحركات ، بتاكيدها على الحكومة المدنية والتي هي الى الشكل الديمقراطي الحديث إقرب مما إلى تلك النظريتين.

السجالات بين نظرية ولاية الفقيه المطبقة في إيران وشورى الفقهاء المراجع التي تبحث عن أرضية للتطبيق ، اقتصر في بداياته على المساحات التنظيرية التي دافع اصحابها عن المباديء العامة لكل من النظريتين ، وهي سجالات لا يمكن أن تستمد قوتها أو ضعفها إلا من خلال مساحات التطبيق.

بعد العام 1979 وتجسُّد نظرية ولاية الفقيه على شكل حاكم ومحكومين ومؤسسات سياسية متعددة في إيران ، أخذت السجالات منحى آخر ، فهي لم تعد مقتصرة على صحة الطروحات النظرية بل امتدت لتشمل مقارنة تلك الطروحات مع واقع التطبيق والسلبيات الكثيرة التي رافقته..

ولم تكتف تلك السجالات بمدى صحة المنطلقات النظرية لولاية الفقيه أو عدم صحتها ، وهي التي سادت طيلة قرون الجدال النظري ، بل امتدت لمساءلة مركز الولي الفقيه نفسه والسلطات الممنوحة له تبعا لتلك النظرية ، يستعين الواقفون في صف

معارضتها بما أفرزته تلك النظرية من أشكال متعددة من التفرد والاستبداد والإقصاء والإلغاء للاخرين ، في مؤسسة دينية قامت على مبدأ رئيسي لا يتقدم عليه أي مبدأ آخر وهو الاستقلالية في (الاختيار – التمكين - اصدار الفتوى).

الاختيار يعود الى وعي المقلدين بمكانة من يقلدوه ويرجعون إليه في أمورهم ، وهو اختيار حر لا أحد يتدخل فيه.

التمكين ، قدرة (المرجع – المقلد) على انتزاع مكانته مع منافسين آخرين وتكريس حضور تلك المكانة لدى مقلديه.

إصدار الفتوى: هي وظيفة المرجع الأساسية فيما يتعلق بمعاش ومعاد المقلدين ، وحتى في النقطة هناك الكثيرين من المقلدين من يذهب إلى تقليد مرجع آخر في بعض المناطات الفقهية (التبعيض) او (الاستمرار على تقليد الميت وعدم تقليده) إذا عجز عن الامتثال لفتوى مرجعه في جزئية معينة.

## ما هي ولاية الفقيه ؟

هي (نيابة الفقيه) الجامع لشروط التقليد والمرجعية الدينية عن الامام المهدي (عجل الله فرجه) في ما للإمام (عليه السلام) من الصلاحيات والاختيارات المفوضة اليه من قِبَل الله عز وجل عبر نبيه المصطفى (صلى الله عليه و آله) في إدارة شؤون الأمة والقيام بمهام الحكومة الإسلامية.

### ما هي شروط المرجع – الفقيه ؟

(البلوغ – العقل – الإيمان – الذكورة – الاجتهاد – العدالة - طهارة المولد - الحياة - وفي هذا الشرط اختلاف بين مراجع الشيعة -الأعلمية).

وهي شروط لا تقتصر على واحد من الفقهاء الموجودين بل تشمل جميع المتصدين لتلك الوظيفة والحائزين على تلك المكانة ، مما يقود الى نفي حصرها في (فقيه – مرجع) واحد ، والاستئثار بكل السلطات بيده عند تجسيدها في الحكم والحكومة.

### ما هي الاعتراضات على ولاية الفقيه ؟

الشيخ مرتضى الانصاري سجل اول اعتراض عليها من خلال نقده لصاحبها وهو استاذه النراقي في كتابه: "**المكاسب**"، حين قال عن عن الروايات المستدل بها على ولاية الفقيه على فرض صحتها: "**لكن الإنصاف بعد ملاحظة سياقها أو صدرها أو ذيلها يقتضي الجزم بأنها في مقام بيان وظيفتهم (اي الفقهاء) من حيث الأحكام الشرعية, لا كونهم كالنبي والأئمة صلوات الله عليهم في كونهم أولى بالناس في أموالهم، فلو طلب الفقيه الزكاة والخمس من المكلف فلا دليل على وجوب الدفع إليه شرعاً**". وانتهى إلى القول "**فإقامة الدليل على وجوب إطاعة الفقيه كالإمام إلا ما خرج بالدليل دون خرط القتاد**". ولكنه رغم

ذلك أجاز النيابة الجزئية للفقهاء, أي المرجعية الدينية التي يمكن الرجوع إليها في الأمور التي لم تحمل على شخص معين.

وحول الأدلة التي يوردها المؤيدون لولاية الفقيه بشكلها الذي أصبحت عليه كمنهج حكم وبخاصة النصوص النقلية فانها غير كافية للمساواة بين ولاية المعصوم وولاية الفقيه بالطريقة التي ذهب إليها السيد الخميني في وقتنا المعاصر, وعلى نفس المنوال ذهب السيد أبو القاسم الخوئي في: **"التنقيح في شرح العروة الوثقى"** كتاب **"الاجتهاد والتقليد"** بقوله: **"إن ما استدل به على الولاية المطلقة في عصر الغيبة غير قابل للاعتماد عليه".**

وإلى مثله وبنفس السياق ذهب الشيخ محمد جواد مغنية في كتابه **"الخميني والدولة الإسلامية"** الذي كتبه عشية انتصار الثورة في إيران واعترض فيه على أن السيد الخميني يعطي كافة صلاحيات النبي (ص) والإمام المعصوم (ع) إلى الفقيه). وقال: **"ولكني لا أثبت إلا بعض الصلاحيات الحكومية للفقيه".**

وحصر ولاية الفقهاء العدول بالفتوى والقضاء والأمور الحسبية وقال: **"إن التفاوت في المنزلة يستدعي التفاوت في الآثار لا محالة ومن هنا كان للمعصوم الولاية على الكبير والصغير حتى على المجتهد العادل, ولا ولاية للمجتهد على البالغ الراشد, وما ذلك إلا لأن نسبة المجتهد إلى المعصوم تماماً كنسبة القاصر إلى المجتهد العادل".**

واعتبر أن مقياس إسلامية أي دولة هو إسلامية القوانين والنظام وليس هيمنة الفقهاء, وأقر بمبدأ الانتخاب ما دام فيه مصلحة وأنه لا بأس بالاستفادة من تجارب الإنسانية ما دامت لا تحلل حراماً أو العكس. والى مثل هذا الرأي أيضا ذهب الشيخ محمد مهدي شمس الدين, وقال بولاية الأمة على نفسها وبضرورة الشرعية السياسية للنظام في غياب المعصوم, وأن ولاية الفقيه منحصرة في القضاء والفتيا وما ماثلها, وأن قيام الدولة منفصل عن الإمامة ومن يتسلم السلطة ليس مغتصباً لحق الإمام المهدي (كما سبق عند النائيني) ولا تسمى ولاية جور, فولاية الجور تتحقق بادعاء صفة الإمام (بما هي منصب تشريعي).

في كتابه: "**الدولة الإسلامية رؤى وآفاق**" يقدم الإمام الشيرازي الراحل رؤيته لولاية الفقيه ولشورى الفقهاء المراجع من خلال عدد من الأسئلة والأجوبة:

س: إذا استفرد أحد الفقهاء بولاية الفقيه هل تجب طاعته ؟

ج: الولاية لشورى الفقهاء المراجع.

س: هل تكون ولاية الفقيه مطلقة ؟

ج: كلا ، وإنما الولاية لشورى الفقهاء وفي الإطار الشرعي الذي حدده القرآن الكريم والسنة المطهرة المروية عن رسول الله (صلى الله عليه وآله) وأهل بيته (عليهم السلام).

س: إذا استفرد أحد الفقهاء بولاية الفقيه وأصدر حكماً أو فتوى بعنوان حكم الحاكم ، فهل تكون له الولاية على فقيه آخر ؟

ج: لا ولاية لفقيه على فقيه آخر.

س: هل يجوز لفقيه جامع للشرائط أن يفرض سلطته على فقيه آخر جامع للشرائط ؟

ج: كلا.

س: هل يشترط في شورى الفقهاء المراجع مضافاً إلى الشروط الفقهية أن تنتخبهم الأمة ؟

ج: نعم ، فالأمة لها رأيها فيمن سيأخذ بزمام الحكم.

يستفاد من ذلك:

عدم الطاعة لمن يتفرد بالسياسة والحكم – الولاية ليست مطلقة – ما يصدره فقيه ليس ملزماً لفقيه آخر – عدم جواز فرض سلطة فقيه على آخر – اشتراط انتخاب الأمة للفقهاء المراجع.([9])

---

([9]) ولاية الفقيه.. الإشكالات والمآخذ – مقال – حيدر الجراح – موقع شبكة زوايا المعلوماتية – الرابط:

http://www.zawyah.org/2014/09/blog-post_92.html

## الشيعة والسياسة في الشرق الأوسط

### لورنس لوير

### الشيعة والسياسة في الشرق الأوسط (1)

### ترجمته عن الفرنسية نور القيسي

### رجل الدين: الدور الرئيسي

أغلب الحركات الدينية الإسلامية الشيعية التي تنشط اليوم كانت تؤسس من قبل رجال الدين الذين عرفوا بلباسهم الديني الذي يتميز بالرداء الطويل ، (عباية)، مع العمامة ، وهذه الأخيرة يكون لونها اسود بالنسبة (للسيد) وهو الشخص المنحدر من سلالة النبي محمد ، والبيضاء تكون لأولئك الذين لا ينحدرون من هذه السلالة.

لدى رجال الدين حظوة تقدم لهم تركيباً شخصياً مميزاً من السلطة الدينية لا جدال فيه في التأويل الشيعي ، وفي الواقع أن الإسلام السياسي السني له وجهة نظر في أيديولوجيته وقاعدته الاجتماعية مختلفة ، عن نظيره الإسلام السياسي الشيعي ، إذ أنشئ في البدء – الإسلام السياسي السني – بالتضاد مع المؤسسة

الدينية التقليدية ، التي عدتها القوى الأصولية مسؤولة عن التدهور الذي أصاب الإسلام.

الإسلام الشيعي هو الآخر مر بمرحلة انتقالية مناوئة لرجال الدين ، لكنه بالرغم من ذلك بقي متلازماً معهم. وعلى كل حال لا بد من تحليل حركة المؤسسة الدينية (الحوزة) والسلطة الدينية فيها ، أي ، (المرجعية).

## تبلور أسلوب تنظيم رجال الدين

على عكس العقيدة السنية الكلاسيكية (المتشددة) التي لا تحتاج إلى وسيط بين المؤمن والخالق ، وضع الشيعة نظرية تتعلق بضرورة وجود رمز للمهمة الدينية ، رجل دين كامل الأهلية ، يكون له دور جوهري بعد احتجاب الإمام الثاني عشر لملء الفراغ الناتج عن غيابه ، وبذلك أصبح رجال الدين هم من يمثلون الإمام في غيبته يؤدون الالتزامات والأحكام باسمه دون الطمع بالعصمة الدينية.

لقد وضعوا في هذه النقطة تأويلاً علمياً للنصوص التي ستسمح لهم بصياغة إرشادات دينية تتماشى مع تطورهم التاريخي ، هذه السلطة الدنيوية للفقيه لا تجعله المرشد الديني فقط ولكن أيضاً الزعيم السياسي الشرعي ، فمنذ صاغ روح الله الخميني (1901 — 1989) عقيدة ولاية الفقيه والتي منحت رجال الدين الحق في قيادة الأمة — بعد أن كانت القيادة الدينية

محصورة في المجال الروحي — فأن الخميني وضع هذا جانباً
وأصبح ينهج منهجا ثورياً تماماً.

على طول التاريخ كان للشيعة نزعة التجمع في المناطق
الواقعة تحت سلطة الحاكم الجائر على سبيل المثال جبل عامل
في لبنان ، كذلك في البحرين القديمة ، وإقليم شرق السعودية ،
تكونت في هذه المناطق منذ وقت مبكر كيانات سياسية أحدثت
تمرداً ضد الخلافة السنية ، وهؤلاء الزعماء استمدوا شرعيتهم من
خلال أصولهم المنحدرة من سلالة الامام علي وفاطمة ، وفي نهاية
القرن الحادي عشر قامت في البحرين القديمة حركة اشتقت من
الإسلام تسمى (القرامطة) طرحت مفهوماً مختلفاً عن مفهوم
الخلافة ، تطورت إلى شكل جديد من الدولة يدعمها تفسير ديني.

ساهمت دولة (القرامطة) بتوطيد الإسلام بشكل دائم في
البحرين القديمة وعملت دون شك على انتشار خلية من العلماء
الشيعة الاثني عشرية النشيطة والتي فرضت العقيدة الشيعية في
المنطقة.

أسس العلماء الشيعة مناطق يتسيدها رجال الدين الكبار
خلال فترة حكم البويهيين الذين حكموا بغداد (945 – 1055)
في حين أن الصفويين (1051-1722) ثبتوا المذهب الشيعي كدين
رسمي للدولة في إيران ، ولكي تتحول الأغلبية السنية إلى المذهب
الشيعي أنشئوا جيشاً دفاعياً. كما جلب (الصفويون) علماء دين

شيعة من جبل عامل ومن البحرين، محملين بأفكار شرعية احتاجوا إليها في توطيد حكمهم، وهكذا فقد طور العلماء خلال هذه الفترة العقيدة والطقوس الشيعية، وساهموا في تأسيس إجراءات إدارية كالتجنيد والتسلسل الإداري لرجال الدين.

في هذه الفترة أخذت (الألقاب) المفخمة تتأكد وبقوة للتميز بين العلماء مثل (حجة الإسلام) أو (آية الله) التي خصصت لأولئك العلماء الأكثر كفاءة، وكانت إيران وبدون أدنى شك المركز الديني السياسي للعالم الشيعي خلال الفترة الصفوية والتي أصبح فيها التشيع شعاراً أساسياً للدولة الإيرانية.

## مربع نص:

سيادة النجف على المدن الدينية الأخرى تطلبت الكثير من المهارة من قبل محمد حسن نجفي المتوفى (1843م) وهو الزعيم الديني الأكثر قوة في وقته والذي نجح في نسج شبكة اجتماعية وتأسيس نظام إنابة (الوكالة) يتكون من ممثلين أو نواب أرسلوا إلى المدن المقدسة الأخرى لجمع الضريبة (الخمس) النجف وقم مركزان لانتشار المذهب الشيعي

سقطت السلالة الصفوية في القرن الثامن عشر تحت تأثير الاجتياح السني القادم من أفغانستان. حيث اخرجوا بالقوة ثم أعيدوا ضمن سلالة السلطة الأفشارية ( - 1749) (les afshards 1736) وقد حاولت السلطة آنذاك التخفيف من امتيازات الشيعة

في الدولة قاطعة بنفس الوقت الارتباط برجال الدين. فقرر الكثير من العلماء الهجرة إلى العراق وجنوب شبه القارة الهندية ، وكان سبب الهجرة إلى العراق هو وجود عدد من مراقد أئمة الشيعة فيه ومنهم الإمامين علي بن أبي طالب في النجف والحسين بن علي في كربلاء ، لذلك فإن جنوب العراق كان منطقة صراع دائم وكان شكلياً تحت النفوذ العثماني ، أما المدن المقدسة فقد وجد فيها رجال الدين ملجأ واستقلالية بشكل كبير ، ربما كان للسكان دور يضمن لرجال الدين استقلالهم بمواجهة كل محاولات السلطة المركزية للتدخل في شؤونهم.

تلعب هذه الفترة دوراً مهماً ومركزياً لفهم السياق في داخل العراق. ترك رجال الدين الشيعة المظهر الديني الرسمي لكي يكونوا قوة خارج الحدود بطريقة علمية تستقل في جميع أنحاء الدولة تحت سلطة القاجارية (Qagar) والتي أعادت المذهب الشيعي بصفته دين الدولة وحاولوا الاستفادة من رجال الدين كرأس حربة للتأثير على الإمبراطورية العثمانية ، وبقيت الدولة الإيرانية المصدر المهم لتمويل رجال الدين في العراق مع أنهم استمروا متمسكين باستقلاليتهم ، وقد اعتمد رجال الدين بشكل رئيسي على المجتمع المدني ونظام الخمس وهو ضريبة يفرضها علماء الدين على أتباعهم المؤمنين و يتكون من خمس الإيرادات السنوية للعائلة والتي كانت في الماضي ضرورية لاستمراريتهم ،

وهي بالنتيجة عنصراً من عناصر تمويل النظام الجديد، لم يستخدم فقط لنشر العقيدة ولكنها ضرورة مادية لحفظ المذهب الشيعي وتقوية رجال الدين واستمرارية تطورهم، وهذا ما يفسر حماسة قبائل الجنوب في العراق للتحول إلى التشيع في أواسط القرن التاسع عشر.

أثناء القرن التاسع عشر فرضت مدينة النجف نفسها كمركز للنفوذ الشيعي الديني وأصبح رجال الدين منذ ذلك الوقت الأكثر نفوذا، ويلاحظ أن رجال الدين في العراق كانوا يعتمدون على الأملاك والأموال الموقوفة لتمويل المذهب، كما قاموا بمجموعة من النشاطات الاجتماعية والثقافية بالإضافة لنشاطاتهم الإرشادية **"كما في نموذج منتدى النشر"** والتي على أثرها تبيّن مدى نفوذ رجال الدين، من خلال عدد الطلاب الملتحقين بتلك النشاطات.. ومنذ تلك اللحظة أصبحت المؤسسة الدينية تعرف بمصطلح (الحوزة العلمية).

سيادة النجف على المدن الدينية الأخرى تطلبت الكثير من المهارة من قبل محمد حسن نجفي المتوفى (1843م) وهو الزعيم الديني الأكثر قوة في وقته والذي نجح في نسج شبكة اجتماعية وتأسيس نظام إنابة (الوكالة) يتكون من ممثلين أو نواب أرسلوا إلى المدن المقدسة الأخرى لجمع الضريبة (الخمس) والحكم باسمه، هذا النظام سمح له بفرض سلطته الدينية على

المدن المقدسة الأخرى في العراق وأيضا على التجار الإيرانيين كما أسس للمرة الأولى قواعد الإدارات الدينية المركزية في النجف.

خلف النجفي مرتضى الأنصاري المتوفي (1864م) الذي عزز نشاطه بهباته لقاعدة المذهب الاجتماعية ومرجعية التقليد التي تقوم على محاكاة رجال الدين للعلماء حرفياً وتشترط في هذا على كل الشيعة غير ذوي الاطلاع على عدم تفسير النصوص الدينية بأسلوب شخصي مستقل أي (الاجتهاد)، بل المطلوب اتباع رأي علماء الدين وخصوصاً من نال درجة (آية الله) ولهذا سميت (مرجعية التقليد) حرفياً بـ (مصدر التقليد)، كما انه بيّن الى نظرائه وفق إجراءات صريحة غير رسمية، بان القوة الاجتماعية للمرشح ذات أهمية كما المعرفة الدينية، وليس المطلوب من رجل الدين ان يكون مرجعاً فقط، وانما عليه امتلاك قاعدة اجتماعية تساعده على تأدية هذا الفعل بالشكل الأمثل "إدارة الحوزة"، غير أن أكثر رجال الدين، في الواقع، يتنافسون فيما بينهم على الاستئثار بالنفوذ الديني.

يمثل تأسيس الدولة العراقية 1921 مرحلة جديدة في تاريخ المؤسسة الدينية الشيعية، إذ تحالف رؤساء العشائر مع رجال الدين، برئاسة محمد تقي شيرازي، لإنشاء جيش لطرد الاحتلال البريطاني من العراق. وقد مثلت هذه المرحلة فاصلاً مهماً من تاريخ العراق، فالثورة التي أوقدها رجال الدين الشيعة، والعالقة

في الذاكرة العراقية باسم ثورة العشرين ، انتهت بفشل مؤلم على الرغم من أنها ألحقت خسائر فادحة بالمحتل ، فان العلماء بالنهاية هزموا عسكرياً وسياسياً كما همش دورهم واختار بعضهم المنفى واجبر بعضهم الآخر عليه.

### مربع نص:

وكان هذا هو التفسير الثوري لشهادة الحسين تفسيراً معاصر ، ومن خلال هذا التفسير أوجدت الحركات الإسلامية الشيعية في لبنان عام 1960 ، وبتأثير موسى الصدر ، آلية تتخطى الاحتفال بواقعة كربلاء وتؤسس مناسك التمرد في النظام الاجتماعيمن نتائج هزيمة العلماء في العراق عودة الجذب الإيراني لعلماء الدين وبالرغم من ذلك استمرت النجف بالحلقات الدراسية الدينية الأكثر نفوذاً ، من جهة أخرى شعرت إيران بولادة جديدة في مدينة (قم) التي كانت قبل كل شيء مكاناً مقدساً فيه ضريح فاطمة أخت الإمام الثامن علي الرضا (ع) وكانت يوماً مركزاً مهماً للدراسات الدينية ، فكان تحول رجال الدين إلى قم مدخل لتدهور وانحدار قوة الحلقات البحثية في العراق ، ساهمت هجرة العلماء من النجف بإعادة قم كمركز ديني من الطراز الأول.

الثورة الإسلامية عام (1979) أنهت عدة عقود متأخرة ، لكن الإجراءات القمعية للحلقات البحثية في النجف من قبل نظام حزب البعث والذي أدى إلى نزوح الكثير من رجال الدين إلى

إيران وبالنظر إلى أهمية تبنيها الطلاب ورجال الدين عادت قم وبلا جدال المركز الرئيس لصناعة رجال الدين الشيعة.

خلال السنين الثقيلة لدكتاتورية حزب البعث ، أصبحت حلقات البحث في النجف شبه فارغة وغير مستقرة ، ومع ذلك بقيت النجف مدينة ذات هيبة لان وجود قبر الإمام علي فيها أضفى عليها طابعا رمزياً من العظمة وبقيت على الدوام مكاناً لإقامة المرجع الأكثر أهمية.

وهكذا وبين الأعوام (79 – 89) – وهي الأعوام التي قاد فيها الخميني الجمهورية الإسلامية وترأس قيادة المؤسسة الدينية والنظام السياسي – كان أبو القاسم الخوئي (1899 – 1992) الذي مارس عمله كمرجع بين 1970 – 1992 – هو الأكثر إلفاتاً للنظر بشكل منقطع مع أنه يسكن النجف ويحمل الجنسية الإيرانية ، باختصار: في الوقت الذي أصبحت فيه قم مركز التعليم للعالم الشيعي بقيت النجف مركزاً للسلطة الدينية وبدون منازع.

## رجال الدين والسياسة: الثورة مستمرة

خلال فترة الثورة الإسلامية في إيران طرحت مناقشات حول الخاصية الجوهرية الثورية لدى الشيعة ، الكثير شدد على ان المذهب الشيعي قائم على تصورات ومفاهيم تتعلق بسلطة الإمام السياسية والتي دفعت الشيعة إلى رفض الاعتراف بالسلطات الأخرى غير سلطته.

استشهاد الإمام الثالث (الحسين) في كربلاء ينظر اليه غالباً كنموذج جوهري للشيعة ، لقد قرر الحسين مجابهة الخليفة يزيد لأخذ حقه في الخلافة (الحكم) وقد تخلى عنه حلفاؤه في اللحظة الأخيرة . وقد عرف انه وعائلته ذاهبون إلى موت محقق لكنه اختار رغم ذلك التضحية على الخضوع للقوى الغاشمة ، وكان هذا هو التفسير الثوري لشهادة الحسين تفسيراً معاصر ، ومن خلال هذا التفسير أوجدت الحركات الإسلامية الشيعية في لبنان عام 1960 ، وبتأثير موسى الصدر ، آلية تتخطى الاحتفال بواقعة كربلاء وتؤسس مناسك التمرد في النظام الاجتماعي ، حيث لا يكتفي المؤمنون بذرف دموع الحزن فقط بل يجب ان يتَّبعوا الحسين كمثال في قتال الأنظمة الجائرة بلا خوف من التضحية بالنفس ، وفي نفس الفترة في إيران كانت كتابات على شريعتي (1933 –1977) تدعو إلى عودة الشيعة إلى الأصول الأولى من تفسير العلماء وبان استشهاد الحسين يعد نموذجاً للعمل السياسي.

وهذا التفسير سيكون بالتأكيد جوهر التصور الذي قدم للتعبئة خلال الثورة الإسلامية في إيران. وإذا كانت واقعة الحسين ، تمثل مجدداً في الفترة المعاصرة ، نوعاً من الخزين الرمزي والسياسي ، فان الشيعة مازالوا يعيشون مرة أخرى ، مناسك كما لو أنها ندم خالص للهزيمة المشتركة للشيعة ، دون

وجود منظار لقلب الأشياء التاريخية للحكم ، وفي الواقع قدم الشيعة في نفس مذهبهم وتاريخهم اتجاهين متعارضين يرمزان لتعارض خيارات الإمامين الثاني والثالث (الحسن والحسين) (الأشقاء) ، مع ذلك سيكون هذا خيارا لأغلب حلفائهم ، لدينا في الغرب دمجت هذه المتناقضات بين الحسن والحسين في قراءتنا للتضاد بين التيار الثوري والتيار المسالم (Quistite) إذ أن الأخير تاريخياً تفوق على الاول وقد ادرك هذا بعد الثورة الايرانية ، واخذ مكانه داخل مشهد التدخل الامريكي في العراق والذي شدد على وصول الشيعة الى سدة الحكم في بغداد ، سمح للتيار المسالم المتجسد في مرجعية السيستاني (ولد 1930) في استعادة تكوين رؤية على حساب آيات الله الراديكاليين في قم.

هذه الوقائع تكشف حدود المقاربة المشتركة بين رجال الدين الشيعة الثوريين والمسالمين (التقليدين).

مباشرة بعد سقوط صدام حسين لعب السيستاني الدور السياسي الأول الأكثر تواصلاً داخل العالم الشيعي وزعامة الحوزة في النجف منذ 1992 وهذا يوضح أن السيستاني اخذ على عاتقه الوضع السياسي باعتباره مكملاً لدوره كزعيم ديني ، بالتأكيد انه يعتقد ان العلماء غير قادرين على الاستئثار بالسلطة السياسية للامام ، ولكنه كالأغلبية الساحقة من معاصريه ، يعتقد أن علماء

الدين يتدخلون في المناقشات المصيرية في وقتها. وخاصة في أوقات الأزمات السياسية الخطيرة.

## الإسلام الشيعي في قلب المؤسسة الدينية في العراق

في العراق ولد الإسلام السياسي في وسط المؤسسة الدينية وفي المدن المقدسة وكان يلاحظ بوضوح من خلال مفاهيمها وتنظيماتها الدارجة وصراعاتها الداخلية ، الحزب الشيعي الأول هو الدعوة الإسلامية. ولد حوالي 1957 – 1958 بين رجال الدين في النجف.

حيث أظهرت العلمانية دوراً متعاظماً من خلال نجاحات القوميين العرب والشيوعيين التي جزأت هذه الحركات الشيعة لا سيما الطبقة الوسطى البسيطة بسبب معارضتها للملكية التي أنشأتها بريطانيا ، وقد لاصقتها الكتلة الشيوعية والتي يقال إنها لعبت ببراعة على التناغم اللفظي بين الشيوعية و الشيعة ، لتجنيد الوسط الشيعي.

على الرغم من أن العلمانية واجهت عوائق تأتي في مقدمتها ، سعة المؤسسة الدينية التي تعتمد حصرياً على تبرعات المتطوعين للحفاظ على توازنها ، أدى سقوط الملكية نتيجة انقلاب الزعيم عبد الكريم قاسم المدعوم من الحزب الشيوعي إلى إطلاق طلقة التحذير لدى رجال الدين ، للتأكد بأنفسهم من أخطائهم والخروج من خمولهم ونوعاً ما باستعادة صفاتهم

المفقودة ، على نحو ما أصدره الزعيم عبد الكريم قاسم من قوانين هددت بشكل مباشر تطلعات رجال الدين مثل قانون الأحوال الشخصية الجديد ، الذي حرمهم من جزء مهم من الامتيازات القضائية وكذلك الإصلاح الزراعي الذي فتت طبقة الملاك الكبار الذي كانوا يتبرعون بشكل تقليدي بأموالهم للمؤسسة الدينية ، والتي كانت الباعث الأساسي لطبقة رجال الدين المتوسطة والدنيا ، ودعمت المرجعية حركة محسن الحكيم عالم النجف الذي حرم نضال الشيوعية وأسند إلى جماعة العلماء — التي أنشئت عام (1960) — تولي إصدار الكتب التي تؤلف بلغة بسيطة غير أدبية وتسمح له بتفنيد الحزب الشيوعي وتوضيح أن الإسلام يوفر حلولاً فعالة للمشاكل الاجتماعية المعاصرة ، كما طور الحكيم بشكل مواز شبكة من الكليات الدينية والمكتبات المحملة بمختلف الكتب الإسلامية.

وبالرغم أن محسن الحكيم لم يكن أبداً عضواً في حزب الدعوة فإن طلابه المقربين وكذلك ابنه مهدي الحكيم المتوفى عام (1988) يعد ضمن المؤسسين الرئيسين لحزب الدعوة.

ويبقى محمد باقر الصدر (1931 – 1980) الشخصية الأكثر تأثيراً بلا جدال في حزب الدعوة ، المحفز المباشر لأفكار حركة التشيع المستلهمة من مفاهيم حركية سنية (الأخوان المسلمين) ولدت قبل ثلاثين سنة في مصر ، ويعد "الصدر" من أكثر الطلاب

تألقاً عند محسن الحكيم. حيث برع ليس فقط بكفاحه النشيط وإنما بمساهماته الفكرية الإسلامية المعاصرة والتي دحضت خطوة بعد خطوة الشيوعية وافترضت بدلها نظاما إسلاميا شاملاً. وبالتأكيد اقتراحاته كانت الملهم المباشر التي ساهمت في الترتيبات المؤسسية الأولى للجمهورية الإسلامية في إيران (1979) وكذلك فان محمد باقر الصدر قد تبصر في وظيفة الإرشاد وليس السلطة الدينية كرجل دين فحسب. أدت علاقة رجال الدين مع حزب الدعوة إلى تكوين رؤية جديدة للحزب عبر جدل غير منتهي من قبل رجال الدين لمبادئ الحزب الدينية السياسية.

عبر رجال الدين عن تباين ملموس حول قبولهم لإنشاء حزب ومبادئه السياسية الدينية ولذلك لم يسر هذا دون معارضة أو تبرم ، غير أنه في نفس الوقت عبر عن قلق لرجال الدين ازاء أولوية تكوين الرأي السياسي عند الشيعة ، بالرغم من أن العلماء يبقون هم الضامنون لبقاء المؤسسة الدينية.

كان محسن الحكيم يعتقد بصراحة أن إنشاء حزب سياسي سيساهم في إرباك دور الحوزة العلمية عند الشيعة ، ولذلك في منتصف عام 1960 عندما شعر بهشاشة النشاط الجهادي طلب من محمد باقر الصدر حينها إقالة مهدي الحكيم من حزب الدعوة ، وهذا ما يكشف عن أن السياسة بالنسبة لرجال الدين ليست غاية بذاتها ، لكنها وسيلة للدعم في ظل المؤسسة وسيكون هذا في

مكان آخر نقطة الخلاف الرئيسي مع المجاهدين غير الدينيين للاحزاب الإسلامية.

## صراعات الأحزاب

المرجعية هي أعلى سلطة دينية ولقد اجتازت بشكل متعاقب الصراعات بين المرشحين العلماء لمنصب المرجع ، إذ لم تكن هناك قواعد واضحة توكل تعيين المرجع ، بل ترسخت تدريجياً من خلال حشد شبكة من العلاقات التي تكون جوهر هذا الوضع هو المكون الأساسي للمؤسسة الدينية ، سلطة كهذه ربما تضع الآخرين في محل الطامع إلى أكثر من السلطة الدينية ، وتنتج صراعات ربما كان سببها المطامع الشخصية او الدينية او الاثنية.

في أواسط عام 1960 انبثقت حركة شيعية أخرى في العراق حيث كانت المنافسة قديمة بين مدينتي النجف وكربلاء ، قبل أن تفرض النجف كعاصمة رئيسية للزعامة الدينية كانت كربلاء من أكثر المدن أهمية بالنسبة لعلماء الدين ، لكن في أواسط القرن التاسع عشر حين أجهضت حركة رجال الدين ضد السلطة العثمانية وحوصرت مدينتهم وقتل الألف من سكان كربلاء مما اجبر علماء الدين على المغادرة إلى مدينة النجف وبالتالي أدى إلى ضعف حلقات البحث الدينية الكربلائية ، لكن التهميش الذي أصاب رجال الدين الكربلائيين لم يرضهم فظهر عام 1960 رجل

دين شاب اسمه محمد شيرازي (1926) وهو من أكبر مؤسسي المؤسسة الدينية في كربلاء ، وأخذ على عاتقه تنظيم حملة نشيطة لغرض فرض سيطرته ، تغيرت المؤسسة الدينة منذ ذلك الوقت إذ كان المرشح الشرعي يجب أن يبلغ سبعين عاماً ، لكن بقدوم محمد شيرازي 37 عاماً ودعمه من قبل المؤسسة الدينية في النجف وحضوره حلقات البحث الدينية في النجف والتي استطاع من خلالها أن يبين لهم أن رجال الدين في كربلاء هم الأفضل في هذا المجال.

ينحدر محمد الشيرازي من أسرة رفيعة إذ ينتمي نسبه إلى سلسلة من المراجع المهمة منهم الشهيد حسين ميرزا الشيرازي المتوفى (1894) والذي أجبر عام (1891) شاه إيران على أن يسترد من البريطانيين احتكارهم لتجارة التبوغ في بلده ، وكذلك محمد تقي شيرازي الذي لا يقل شهرة عن الأول والذي كان أحد قواد ثورة العشرين في العراق. من جهة أخرى استثمر محمد الشيرازي مشاعر المواطنين من أهالي كربلاء الذين كانوا يتمنون أن تصبح مدينتهم مصدراً للإشعاع وكان يرغب بإصلاح المؤسسة الدينية وذلك بأن تكون أكثر اهتماماً بشؤون المواطنين واكثر فعالية سياسية ، كما قام بإصدار منشورات لعامة الشعب بلغة بسيطة بعيدا عن لغة العلماء المتخصصة بالتفسير والمتكلفة والصعبة الفهم احياناً ، ومثل محمد باقر الصدر كان الشيرازي يعتقد أن

الدين لكي ينتصر على العلمانية في الشرق الأوسط يجب أن يكون أكثر نضالاً في الميدان السياسي ، كما صاغ الشيرازي قبل الخميني عقيدة لدولة يديرها نخبة من رجال الدين التي ستعين فيما بعد (شورى الفقهاء) أو مجلس العلماء. فهو يعتقد أن الدولة الإسلامية يجب أن تدار من قبل مجموعة من علماء المرجعية ، وقد أبلغ المؤسسة الدينية العليا عبر تقرير (هو الوحيد) أن حزب الدعوة نموذج سياسي ذو نمط مستوحى من الآلية الغربية ، وأوضح مدى خطورة وعواقب كل لحظة تظل سبيل الإسلام.

وقد طور أخيه حسن الشيرازي (1934 – 1980) تلك النقطة بالتحديد ، والتي ألهمت بشكل مباشر ابن أخته محمد تقي المدرسي (ولد 1945).

أسس هذا الأخير في منتصف 1960 حركة عرفت مبدئياً باسم: "**حركة الرسالة**" ، التي أصبحت فيما بعد 1979: "**منظمة العمل الإسلامي**" ، الاسم الذي بقيت تحمله لغاية اليوم.

على عكس رجال الدين في العراق ، فإن رجال الدين في إيران يستندون دائماً إلى التاثيرات المتبادلة في الحياة اليومية في الدولة. لهذا السبب وجدوا أنفسهم مجرورين بمواجهة إصلاحات

تحديث المؤسسات من قبل السلالة البهلوية (1925 – 1979) حيث كانت بداية الأمر إصلاح نظام التعليم.([10])

**الهوامش:**

**(1) فصل من كتاب: 2008:\ le chiisme et politique au moyen_orient**

**موقع مؤسسة مدارك لدراسة آليات الرقي الفكري**

**http://www.madarik.org/News_Details.php?ID=210**

---

([10]) الشيعة والسياسة في الشرق الأوسط – لورنس لوير – ترجمته عن الفرنسية نور القيسي – موقع مؤسسة مدراك لدراسة آليات الرقي الفكري – 26/ 9/ 2011 – الرابط:

http://www.madarik.org/News_Details.php?ID=210

## جدل الدنيوي والمقدس ثقافياً

الممارسة الاكاديمية والخبرات النظرية التي يمتلكها فالح عبدالجبار أعطته قدرة على جمع شتات الفضاءات الثقافية والسرديات المعرفية الدينية والمحتوى السياسي للطقوس الدينية الشيعية ، فضلا عن تحليل طبيعة الحركات السياسية الشيعية ومنابعها الاجتماعية والفكرية التي تشكل بؤرة كتاب: "**العمامة والأفندي سوسيولوجيا خطاب وحركات الاحتجاج الديني**".

يقول فالح عبد الجبار: "**إن كتابي العمامة والأفندي يشكل مشروع ألفهم العلاقة بين المقدس والدنيوي في مناشئ حركات الاحتجاج الدينية في العراق بمقارنة مضمرة في الأغلب مع إيران اعتماداً على الأدوات النظرية لسوسيولوجيا الدين فضلاً عن مناهج البحث الاكاديمية استخدم فالح عبد الجبار تعبير (الاحتجاج الديني) كمقولة تعتمد العوامل المادية في بروز الحركات السياسية والدينية في العراق**". ويبين "**أنه سعى في الكتاب إلى تحاشي أحكام القيمة عبر التمسك بمعاينة موضوع البحث من حيث هو بنية معرفية او نظام أو فعل اجتماعي رمزي باحثاً عن المعنى**"، ويذكر أن الكتاب وضع

أساساً بين اعوام 1991 — 1998 ولكن الحرب الوشيكة على العراق حملت الناشر على طلب فصل جديد لسد الفراغ التاريخي ، يحدد فالح في هذا المشروع العلاقة بين الدولة والأمة والنزاعات الإسلامية ، فضلاً عن شرح ظهور النزاعات والحركات الأصولية والطائفية والدولة القومية. ويدرس ظهور الحركات الدينية الشيعية ومقاربة الفضاءات الثقافية للمرجعية والطقوس الدينية ودور المال المقدس وتسييس آلام الخلاص في الثقافة الشعبية. وحركة الاحتجاجات الدينية السلمية ثم المواجهة الدامية في عهد البعث وظهور التجذر الراديكالي والشتات الشيعي وانتفاضة 1991 ، وتحليل النظريات الاجتماعية والاقتصادية والسياسية الإسلامية.

## فالح عبد الجبار

عالم اجتماع عراقي ولد العام 1946 في بغداد ، حائز على دكتوراه من **جامعة لندن** — **كلية بيركيك** متخصص بعلم اجتماع الأديان ونظم المعرفة وبناء الأمم والتنظيم الاجتماعي، غادر العراق منذ العام 1978 وعمل أستاذاً في **جامعة لندن مدرسة السياسة** ، ومنذ العام 1994 قاد مجموعة بحث المنتدى الثقافي العراقي وهو من مؤسسي مركز الدراسات الاجتماعية للعالم العربي ، أصدر الباحث سلسلة من المؤلفات باللغة العربية والانكليزية منها: "الدولة والمجتمع المدني في العراق"، "الديمقراطية المستحيلة"، "معالم العقلانية والخرافة في الفكر

العربي ، "المادية والفكر الديني المعاصر"، "الوعي الديني والتطور الرأسمالي أبحاث أولية"، "المقدمات الكلاسيكية لنظرية الاغتراب"، "ما بعد الماركسية". أما في اللغة الانكليزية فقد أصدر: "الحركات الشيعية في العراق"، "آيات الله والمتصوفة، الايديولوجيات ـ الدولة والدين والمجتمع في العراق".

## جدل العمامة والأفندي

تبين المصادر التاريخية أن كلمة: "الأفندي" تعني السيد وهي من ألقاب الشرف والتعظيم وتعود إلى مصادر يونانية ورثها العراق من الدولة العثمانية، وتطلق هذه الكلمة على صغار الموظفين وأفراد الطبقة الوسطى والمتعلمة من سكان المدن.

بعد انهيار الحكم العثماني بقيت هذه الفئات الاجتماعية تلقب بمفردة افندي وكان الافندي يرتدي الملابس الأفرنجية ، بعد تأسيس الحكم الوطني 1921 ظهرت السدارة كشعار رأس عراقي خالص ، هذا المجال الأزيائي يفرق الأفندي عمن يرتدي الملابس الشعبية او الريفية من كوفية ، وعقال ، وزبون وعباءة وجراوية وقد شكل الأفندية طبقة اجتماعية في صفاتها وعاداتها وعلاقاتها الاجتماعية في العهد الملكي ، ونتيجة لاحتلاله مكانة في المجتمع أخذ يمارس السياسة من بابها الواسع ، أما العمامة فهي لباس الرأس لرجال الدين تختلف ألوانها واشكالها داخل المذاهب نفسها

نتيجة اختلاف معناها.فالعمامة عند الشيعة تنقسم الى قسمين العمامة البيضاء والتي يرتديها عموم رجال الدين وطلاب الحوزة العلمية والعلماء في حين يرتدي العمامة السوداء رجال الدين وطلاب العلم من السادة ، أما العمامة عند السنة من علماء الأزهر فهي عبارة عن طربوش أحمر يلف حوله قماش أبيض.

في مشروع فالح عبد الجبار تجد أن هاتين الأيقونتين: "**عمامة – أفندي**" تظهران كرمزين متناقضين في تاريخية المجتمع العراقي. رجل الدين المعمم الذي يمثل القوة التقليدية والمعرفة المقدسة والنظام الاخلاقي والاجتماعي والسياسي والافندي الذي يمثل المهندس والضابط والإداري والمحاسب وهو إنتاج الدولة الحديثة. تلك الرمزيتان تتصادمان فكرياً وسياسياً واجتماعياً وايديولوجياً ، ونجد ظهورهما الدوري في تاريخ المجتمع ، فالح ينقل تلك الرمزيتين إلى حقل حركات الاحتجاج الديني العراقية وداخل الأحزاب الدينية السياسية.

## مقاربات نظرية

يبين فالح عبدالجبار أن حركات الإسلام السياسي الشيعي قد حظيت بمعالجات معمقة ، إلا أن ثمة حقيقة مفهومة تشير إلى أنه لم يول سوى اعتبار ضئيل للجذور الاجتماعية والفكرية لمختلف الحركات: تنظيماتها ، بنى قياداتها ، طبيعة الفاعلين بصفتهم مجموعات مكانية ، قرابية منقسمة (سادة أو اشراف) أو

بصفتهم شرائح اجتماعية حديثة ولتحليل ايديولوجية وبنية الفضاءات الثقافية. ويرى الباحث أنه ثمة ثلاث مقاربات متمايزة في الادبيات المتعلقة بالمذهب الشيعي والحركات الاسلامية والشيعية في العراق. المقاربة الطائفية، والمقاربة الجوهرية الثقافية، والمقاربة البنيوية – الظرفية ويبين أن المفاهيم الاساسية للنموذج الطائفي تتمحور حول ثنائية الجماعة الطائفية مقابل المجتمع ومن شأن هذه المقاربة أن تضفي جوهراً ثابتاً على الفضاءات والبنى الجمعية والهوية التي تنتجها. هذه المقاربة تغفل التنوع الاجتماعي والثقافي في وسط المجتمعات الشيعية، في حين تفسر المقاربة الجوهرية – الثقافية في صعود الحركات الدينية السياسية واستقصائها، وهذه الفكرة مستمدة من التقاليد الاشتشراقية كما هي مستمدة من قطبية الشرق/ الغرب الثقافية وتقوم هذه المقاربة على التنافر بين الإسلام والحداثة أو غياب الفصل بين المجال الدنيوي والمقدس ما يؤدي الى احداث حركة دائرية محورية إحياءات مستمرة للأصوليات، العودة إلى الماضي وانكسار الشرعية للدولة الحديثة، فضلاً عن البنية الراديكالية للثقافية الإسلامية. في حين تبين المقاربة البنيوية – الظرفية أن الحركات الدينية، وبالذات الإسلام السياسي الشيعي يمتلك شتى الأشكال المؤسساتية والفاعلين الاجتماعيين ومختلف الأشكال الثقافية.

## الدولة القومية العراقية

شكّل ظهور الدولة القومية العراقية وتطورها السياق التاريخي كما يقول الذي ظهرت فيه شتى أشكال الحراك السياسي الإسلامي الشيعي، فمن المعروف أن الدولة القومية العراقية كانت إنتاج للحقبة الاستعمارية التي بدأت في أعقاب الحرب العالمية الأولى، وجاءت تشكل الدولة العراقية بعد اقتطاعها من الامبراطورية العثمانية وعبر تجميع ثلاث ولايات بغداد – البصرة – الموصل.

هذه الرقعة تضم نسيجاً غير متجانس من المجموعات الدينية والإثنية والقومية والمذهبية وخصائص متباينة ومتنوعة، فهي اذن اختراع تم تحديد نظام الحكم فيها (العاصمة، العلم، النظام الملكي الهاشمي والبيروقراطية الادارية) والتشريع والتمثيل (الدستور، البرلمان) وأنماط آليات السيطرة والدفاع (العسكر والشرطة) والبنى القانونية (القانون الأساسي لعام 1925، قوانين الجزاء، منظومة المحاكم وترتيبات قضائية خاصة بالقبائل) وتعريف الدولة الوطنية من حيث الجوانب القانونية والاقليمية (ترسيم الحدود وضع القوانين المواطنة والجنسية) واستحداث نظام اقتصادي مركزي (العملة الوطنية، تنظيم التجارة الداخلية والخارجية، الضرائب) وتوحيد ومجانسة الثقافة الوطنية (النظام التعليمي، الصحافة، الاذاعة) وادخال الدولة المخترعة في

المنظومة العالمية للدولة القومية (معاهدات مع دول مستقلة أخرى ، الانتداب عضوية عصبة الأمم).

ضمن هذه الظروف مرت الجماعات الشيعية بثلاث مراحل من التطور ، في المرحلة الأولى بدأت بصفتها حركات أصولية تسعى إلى قيام إسلام كلي جامع في وجه أيديولوجيات علمانية غربية ، أي السعي لإيجاد منظومة فكرية متقنة تحتفظ بالمباديء والعقائد القديمة وفي المرحلة الثانية تميزت الحركات الإسلامية باتجاه اتباع سياسة محلية قائمة على الاحتجاج ضد التميز الممارس ضد الجماعة (الطائفة) ، أما المرحلة الثالثة فقد تحولت الجماعات الشيعية إلى حركات راديكالية خاصة خلال فترة مواجهة الحكم الشمولي البعثي وتحت تأثير الثورة الإيرانية التي كانت تمثل تتويجاً لتحوُّل جذري في الثقافة السياسية في الشرق الأوسط.

وقدم الباحث فالح عبد الجبار صورة تخطيطية ضخمة للنسق الاجتماعي والسياسي العراقي كمقدمة ضرورية لتحديد موقع (الطائفة الشيعية) حيث يعرفهم الباحث بوصفهم فئة ثقافية وسيوسولوجية سياسية ، تقوم منازعاتها مع الدولة القومية على خمس ميادين:

الميدان الأول: التمثيل السياسي ، وهو من الموضوعات الأساسية في الأدبيات الشيعية ، حيث ينظر إلى هذا الموضوع

بوصفه جزءاً من سياسة التميز وهي سياسة متعمده تحول من دون وجود الجماعات القومية والاثنية والطائفية في صنع القرار السياسي.

الميدان الثاني: يتمركز حول التنظيمات الاقتصادية حيث ان نظام البعث كان يوصف المجموعات التجارية والصناعية والمالكة للعقارات من الشيعية بانها خطر على الأمة.

الميدان الثالث: يتعلق بالانتهاك الثقافي فمع ولادة الدولة الحديثة في العراق حلت النزعة القومية محل الإسلام.

أما الميدان الرابع: فهو يصب في قضية المواطنة والحقوق في الدولة العراقية الحديثة في حين تشكل قضية العلمنة.

الميدان الخامس : حيث إن الدولة مدفوعة بموجات الحداثة تولت حزمة من الوظائف كانت حكراً على طبقة رجال الدين ، فضلاً عن ذلك أن أنظمة الحكم المتعاقبة على العراق ، بذلت محاولات كبيرة للسيطرة على الفضاءات الثقافية الدينية ، ويرى فالح عبد الجبار أن موجة العلمنة تركت آثارها في ميدان قانون العقوبات والقانون التجاري وقانون الأحوال الشخصية.([11]).

---

([11]) جدل الدنيوي والمقدس ثقافياً – يوسف محسن – مقال – جريدة البيان العراقية –العدد 1532 – 8 / 12 / 2014 – الرابط:

http://albayaniq.com/?p=10378

# الإسلام السياسي في الخليج خطاب الأزمات والثورات

## عمر البشير الترابي

توقع المراقبون ([1]) انتهاء الصعود الإسلاموي بصبغته الأصولية في الخليج العربي ؛ في العشرية الأولى من القرن الحالي ، وفقًا لعوامل فشل النموذج الإسلاموي في التجربة العملية ؛ وفقدانه مساحات التنظير الفضفاضة الافتراضية والمفتوحة ، حين دخل في التجربة الواقعية المحددة والضيّقة ؛ في (إيران والسودان وأفغانستان والصومال وفلسطين) ([2])، وقدّم نموذجًا شموليًا مستبدًا فاق كل النماذج المؤدلجة السابقة. وأثبتت العجز عن مسايرة النموذج الحداثي العصري لحياة الفرد ؛ وحاول الاستغناء عنها بالتكسّب من الرابطة الاجتماعية التقليدية الأممية الدينية ؛ مستمدًا الشعبية من الارتباط بقضايا مصيرية أممية الصبغة ، ورافعًا شعارات فضفاضة لنصرتها على حساب التكوينات المدنية الحديثة مثل المواطنة والدولة ، والتعاقدات الاجتماعية الحديثة كالعقد الاجتماعي والحريات الشخصية الفردية.

إلا أن هذا التوقع بانتهاء الفورة انقلب في العام (2011)، الذي جاء في أعقاب أزمة مالية أضرّت بالكثير من الدول ، و تسرّب وثائق ويكي ليكس التي أثارت الحنق الشعبي ، و غيره من بلايا "**جمّعن المصابينا**" فانفجرت فيه ثورات الغضب ، الموجه وغير الموجه. فتوقع المراقبون بعدها عودة الدماء للتيارات الإسلامية ، وفقًا لاستغلالها للأحداث وتفاعلها معها ، واستفادتها من المساحات الجديدة للمراوغة ، فأُفق الواقع الآن يسمح بالتنظير في البلاد التي ثارت (مصر ، اليمن ، ليبيا ، تونس ، سوريا ..)، والواقع يسمح للجماعات بممارسة المعارضة في البلاد التي تمنّعت مثل دول الخليج ، على حسّاب التيارات الليبرالية والمدنية واليسارية الأخرى.

فالدفاع عن شرعية المقاومة ، وفوز جماعات إسلامية – توسم بالاعتدال وتحظى بثقة جماهير غفيرة في الكويت والبحرين والمملكة العربية السعودية – عبر القنوات الشرعية ، أو من خلال العمل السرِّي ونجاحها في تقديم نفسها كبديل مُفترض ، واستدرارها العطف بتقديم ذاتها ضحية ([3])، لاضطهاد التمييز الديني في العالم العربي ؛ وإلحاح الإسلاميين على حقهم في نيل فرصتهم ، وافتراض شعبويتهم بأمرٍ من الثورات في الدول الثائرة ، واستغلال التجاهل الغربي للنفحة الإسلاموية الجديدة (المتجاهلة) في الثورات العربية ([4]). هذا كله يشير بحسب

البعض إلى عودة التيار الإسلاموي إلى الساحة ؛ على الرغم من أن هذه العناصر لا ترتبط بشكل مباشر بالإسلاميين ، فحركة "المقاومة" في العالم العربي لم تقتصر يومًا على الإسلاميين فقط. ويوجد ضحايا يساريون وليبراليون ، للأنظمة في العالم العربي. ولكنّ قُدرة الإسلاميين على إنتاج خطاب براغماتي يتلون بلون المصلحة ، مكنهم من الادعاء. كما جدد الإسلاميون خطابهم السياسي ورفعوا شعارات جديدة ─ أو منسية ، أو يحملها جيل كان منبوذًا منهم ─ مثل الدولة المدنية ، الديمقراطية ، الحريات ، وغيرها. أصبحوا يرددونها في العالم العربي كله بما فيه الخليج بصوت قويّ مطلبي مُتكسِّب.

ترصد هذه الورقة سيرة الإسلاميين في الخليج ، وتقلبها مع الأحداث ، وموقفها أثناء وبعد الاحتجاجات العربية الأخيرة (2011) ، وتحاول رسم الخطاب الإسلاموي الجديد ، وتختبر قدرته على الاستجابة لأسئلة الواقع في ظلّ التعدد الموجود في بيئته ؛ والخصوصية التي في منبته ، ومواءمته لتاريخه ، ومصادماته لأولويات الولاء ، كما تشير الدراسة إلى التباين ، في مواقف الإسلاميين بتوزعهم الجغرافي وتجاوبهم المختلف مع الخطابات.

## جماعة تقود أخواتها

هذه الورقة ليست مقصورة على دراسة جماعة واحدة بالضرورة ، ولكننا نقصد أن واحدة من الجماعات زاد أثرها بما زاد حظوة المجموع الإسلاموي ، فقد تتفرّغ سلفية أهل الحديث في سلفية جهادية ، أو يتوزع السرورية إلى إخوان مسلمين صرف ، أو غير ذلك ، فذلك تعدّه الدراسة إعادة تشكيل لا تغير من المعنى الكثير ، فالمقصود بهم كل من استخدم الإيديولوجية الإسلامية للوصول إلى السلطة الاجتماعية أو الرسميّة.

و تُركّز الدراسة على الخطاب الإخواني ، أو الامتداد الإخواني ، لأنه هو الذي يمثل الصبغة السياسية في الغرض والهدف والمضمون بشكل واضح من بين الخطابات الإسلاموية الأخرى ، وهو الأحظى بالرواج والأقدر على التجنيد ([5])، لأنه لا يخاطب الآخرين وفقًا لما يملك بل وفقًا لما يملكون ، و يشكل الدور الأهم في المجموعة الإسلاموية كاملة ، وهو الأقدر على رسم الخطاب الإسلاموي بعد اللحظات المفصلية العظيمة ؛ ولعله يكون المسئول الذي ينساق وراءه غيره من الإسلاميين ولو بعد حين ، وذلك يمكن رصده في العقود الأخيرة. فاتفق أن يكون الآخرون مرآة متأخرة عنهم ، يتبعون براغماتية الإخوان ، وفي كل الخطى يتبعونهم بعد تأخّر ، فحينما يقبل الإخوان بالديمقراطية على مضض تتبعهم السلفية ، وإن دخل الإخوان البرلمان اقتفوا أثرهم ، و إن رفعوا مطالب حقوق المرأة قاربوهم ، فلا فرق

جوهرياً سوى أن الإخوان يتقدمونهم بضع خطوات في الطريق ذاته.

## وجود الإسلاميين في الخليج:

كان وجود الإسلاميين في الخليج في النصف الأول من خمسينيات القرن الماضي ضعيفًا جدًا ([6])، إلا أنّ هذا الوجود بدأ يتقوى تدريجيًا، شأنه شأن التيارات الأيديولوجية الأخرى التي حاولت التعاطي مع إنشاء الدولة في أعقاب الاستقلال من المستعمر، طروء القضية الفلسطينية – كقضية قومية أممية تستدعي حشدًا جماهيريًا، استغل الإسلاميون لحظات تاريخية ساهمت في انتشارهم، فالتيار الإسلاموي في الخليج بدأ يتقوى ويتنامى في أواخر الخمسينيات وبداية الستينيات، إذ كان يتغذى في النصف الأول منها على رغبة السلطات – وإن كانت رغبة مستترة – في مجابهة التيار اليساري أو القومي لأغراض أمنية ولإحداث توازن فكري يحول دون تحول الجماعات الفكرية إلى جماعات ضغط حقيقية؛ فتمت رعاية الواجهات الإسلاموية (السلفية – الإخوانية) ([7]) رعاية شبه رسمية لأنها كانت الجناح الأضعف حينها ([8]) والجناح الذي لاخوف منه، فبدأت تتشكل الجماعات كتيار في السعودية، وكجمعيات تعمل في الأنشطة الخيرية في البحرين والكويت والإمارات ([9])، واهتمت بالنشاطات الثقافية، وجاءت ذروة النشاط التجنيدي والكسب

الكبير للتيارات الإسلامية "**إثر هزيمة الأنظمة العربية القومية في حرب الخامس من حزيران 1967 التي نتج عنها تراجع الطروحات القومية، وتزامن مع ذلك التراجع حدوث انشقاقات داخل التنظيمات القومية**" ([10])، وشكّل فشل الأطروحة القومية وجفاء النموذج اليساري لمتطلبات أو التركيبة الاجتماعية في الخليج دافعًا للارتداد نحو الخيارات التقليدية والانكفاء إلى الروابط الدينية، والإيغال فيها بوصفها حبلاً يُتّصبر بوعده وأملاً للخلاص من الإحباط الروحي الذي عمّ بعد الهزيمة. تنضاف إليه عوامل أخرى ساهمت في الفورة الإسلاموية ونمو التيارات الأصولية، كانت تلك من أوضح الفترات التي انتعشت فيها التيارات الإسلامية، وكانت الواجهات السياسية للإخوان في الخليج ممثلة في جمعية الإصلاح في البحرين (تأسست 1941؛ والآن ذراعها السياسي جمعية المنبر الوطني الإسلامي)، وجمعية الإرشاد الإسلامية في الكويت (تأسست 1952، وأغلقت في 1961) وأنشئت على أعقابها جمعية الإصلاح الاجتماعي (في 1963) وانتهت إلى الحركة الدستورية الإسلامية بعد التحرير، وجمعية الإصلاح في الإمارات (تأسست 1974 في دبي، ورأس الخيمة) ([11])، وغير هذه التجمعات التي لم تقتصر على التيارات الإخوانية، بل كان للسلفيين والشيعة حضورهم أيضًا، وفق تجمعات مشابهة وواجهات.

نَشط الإخوان المسلمون في العمل الدعوي ، ونجحوا في استقطاب شرائح مختلفة من المجتمع الخليجي من خلال توغلهم في المؤسسات والجمعيات الشعبية ، وشأن الإخوان في التشَّكل بحسب البيئة فقد كيّفوا ([12]) جهودهم بحسب المساحات التي تتاح لهم ؛ ففي المملكة العربية السعودية ، ركّز الإخوان على التعليم والاهتمام "**بطلبة العلم**" ، وإقامة المهرجانات والمسابقات العلمية ، وتنظيم السفرات السياحية ، وغالبًا ينحسر نشاط الإخوان في السعودية ضمن مؤسسات المجتمع (المدني)، ومن دون التدخل المباشر في الشؤون السياسية. ([13]) جاءت الموجة الثانية من الانتعاش مرتبطة بعدة أحداث في ثمانينيات القرن الماضي منها الثورة النفطية ، وحادث احتلال الحرم المكي إذ استغل ما عُرف بتيّار الصحوة الترتيبات الحكومية في المملكة العربية السعودية في أعقاب الحادث الذي قامت به جماعة جهيمان العتيبي ، فتكثفت نشاطات الصحوة الدينية في تلك البيئة ، بل وحظيت بعناية شبه رسمية ونالت "**رعاية أبوية من الحكومة والعلماء الرسميين**" ([14]) ذلك في بداية الثمانينيات ([15])، ينضاف إليها الأثر الكبير للحرب الأفغانية السوفيتية أو ماعرف حينها بالجهاد الأفغاني (1979 – 1989)، فقد صعدت بالشعارات الإسلامية إلى الواجهة رافق ذلك نشاط إخواني كبير في الخليج ،وتأثّر ذلك – إلى حد ما – بالحراك الإسلامي النشط في الأقطار العربية والإسلامية الأخرى التي شهدت صراعات

النماذج الحداثية والإسلامية في أطروحات الحكم ، وكان الحراك الإسلامي في العالم كله – تقريبًا – يعتمد على المال الخليجي بشكل خاص ، تضافر لذلك عاملان: الأول أبوية المملكة العربية السعودية للإسلام السُّني ، والثاني رغبة التنظيمات الخارجية الإسلامية في استمرار تلقي المال من المملكة والخليج وما يحتاجه ذلك (([16] ))، فبُذل لأجل تأمين هذا المال نشاط (تسويقي – ترويجي – تجنيدي – دعوي) محموم ، ساهم فيه الوافدون من الإخوان المسلمين العرب إلى الخليج (بخاصة السعودية وقطر)، أو المتسلّفون من العرب في بلدانهم خارج الخليج ، استغلالاً لمنهج بعض الدول السلفية بخاصة المملكة العربية السعودية التي أصبحت في الربع الأخير من القرن الماضي محضنَ ومنبع و معين السلفية فكرًا ومالًا ، والداعم الأول لكل صوت إسلامي عالٍ حتى ولو كان خارج الإطار السلفي ، وغالبًا ما يكون إخوانيًا مماهيًا السلفية في طرحه.

## متسابق وحيد

في الوقت الذي ضُيّق فيه على التيارات الأخرى: المسلمة كالصوفية ، الأشعرية ، وغيرهم ، اليسارية الليبرالية ، العلمانية ، وغيرها ، استطاع الإسلاميون بذكاء الوصول إلى أكبر الأندية الإعلامية ومنابر النفوذ ، فبدلًا من أن يستمع المراهق إلى شرح الأربعين حديثًا للنووي في المساجد ، يقدم الصحويون له معها

جرعة من فقه الأحكام السلطانية ، وتعاليم سيد قطب في معالم في الطريق ، فكانت بيدهم آلة الإعلام الأقوى في المجتمع المسلم — حينها —، وتحظى رحلاتهم السياحية في البراري والصحاري برعاية من مؤسسات وجمعيات حكومية وأهلية ومتبرعين ، وتلك آلة للتجنيد لا غبار عليها عند السلطات ، ولا غرابة من فوز المتسابق الوحيد في الحلبة.إذ كان المثقف الوطني أو اليساري أوالليبرالي أو الصوفي والمسلم غير المؤدلج عمومًا محصورًا خارج المضمار ، يحاول أن يستخدم الوسائل النخبوية —حينها- في الصحافة وغيرها دون طائل أو كثير رجاء. أمام إسلاميين شباب ملئوا بالحماسة ، ووجدوا الوافدين الإخوان المليئين بالخبرة والحاجة والشوق إلى العمل التنظيمي. ([17])

<u>المد والجزر..</u>

إجمالاً يمكن القول بأن حركات الإسلام السياسي والإخوان في المنطقة عاشوا (ربيعًا) تضافرت له العوامل ، إلى أن جاءت حرب الخليج الأولى ، بين العراق وإيران إذ وقفت فيها الدول العربية والخليجية مع العراق بقوّة وانخذل الإخوان وتنظيمهم الدولي فأدانوا العراق في البداية وحمّلوه **"مسئولية اندلاع الحرب، بهدف القضاء على الثورة الإسلاموية الإيرانية"** ([18]) ، فوافقتهم التنظيمات المرتبطة بهم في الخليج – عدا جمعية الإصلاح في البحرين فقد ساندت العراق – وبعد فترة لامَ الإخوان

المسلمون الإيرانيين وحملوهم وزر استمرار الحرب ، التنافر مع الموقف الرسمي كان بداية علنية جدًا من التباين والتضاد وإيذانًا بالجزر بعد المد ، ومع حرب الخليج الثانية بدأت خلخلة العلاقة التنظيمية ، كان موقف الجماعة ضد تحرير الكويت ، مما سبب حرجًا للإخوان الخليجيين ، أمام شعوبهم وحكوماتهم ، مما تسبب في خروج الإخوان في الكويت جزئيًا من التنظيم الدولي ([19]) والبقاء على مبادئه والصلات الودية.

الخلاصة أن وجود الإخوان بدأ يتضعضع منذ تلك الفترة أو بعدها بقليل. هذا التضعضع كان لصالح السلفية الذين انطلقوا نحو رؤية سياسية مستفيدين من أدبيات الإخوان في كسر جمود الفقه السياسي السلفي ،وقد استفادوا من مساحات الحراك الصحوي ، وتعدد المدارس السلفية ، التي توالدت من الحماسة والاختلاط بالعناصر الإخوانية.

وكانت العلامة الفارقة في المسيرة الإسلاموية ، هي أحداث 11 سبتمبر (أيلول) الإرهابية فقد أعادت الإخوان المسلمين – بخجل – إلى الواجهة ، بوصفهم "**إسلامًا معتدلاً**" ، ولقدرتهم على محو التاريخ العنيف للجماعة ، و تنميق العبارات الحديثة ، وبالرغم من أن الحكومات كانت على علم بخطورة هذه الخطوة إلا أنّ التعاون كان تعاونًا اضطراريًا ، فالرد على الانفجار السلفي الفكري والحركي ، يحتاج خبرة التجربة الحركية الإسلامية ([20]) ،

وإلى الخطاب الخالي أو (المتخلي) من/ عن العنف ، وإلى المعلومة الاستخبارية ، أيّا كان صواب هذا التعاون من عدمه ، وقد دعمت رغبة الحكومات وبراغماتية الإخوان هذا التحول. فصعد بعد ذلك نجم الإخوان ، وحققوا النجاحات تلو النجاحات في الخليج وغيره ، وفازوا في غزة ، وحققوا إنجازًا انتخابيًا في الكويت ، ربما كان ذلك فرحة من الناخبين بوجود خطاب إسلامي معتدل ، ولكن تلك الفرحة لم تكتمل ، بحسب نتائج الانتخابات التالية ، فمالذي حدث!

## هل ضعف نفوذ الإخوان الشعبي؟

الكويت: واجهة الإخوان المسلمين الأخيرة "**الحركة الدستورية الإسلامية**" (حدس) التي استطاعت الاندماج في العملية السياسية البرلمانية وبرزت كلاعب أصيل أحرز الكثير من الدرجات ، مُقارنة بغيرها من حركات الإخوان ، فبعد إنجازات 2006 الانتخابية ، تراجع الإسلاميون عامة و"**حدس**" خاصة في انتخابات 2008 و 2009([21])؛ وأشارت النتائج إلى انحسار شعبيتها ؛ إذ فقدت الجماعة نصف حظوتها البرلمانية وأكثر، وشكل ذلك في نظر المراقبين مصداقا لدعوات تراجع المد الإخواني ؛ لصالح التكوينات الأخرى إما المبنية على القبائلية والرابطة الاجتماعية التقليدية (القبيلة ، الطائفة) ([22]) أو الليبرالية الجديدة والمرأة و غيرها.

في البحرين سجّلت انتخابات 2010 خسارة كبيرة للإخوان المسلمين ، ([23]) وسجّل الخطاب العام للإخوان المسلمين في الدول الأخرى انحسارًا وميلاً للدخول في العمل الانعزالي بعد الرفض الجماهيري والرسمي لأطروحات الجماعة ، كما نقلت بعض التحليلات أن الجماعة حلّت نفسها في قطر والسعودية ، وانحسر مدها في الإمارات في الفترة ذاتها.

وتؤرّخ دراسة نقدية – ربما يصح تصنيفها بأنها نقد داخلي – انتشرت في مواقع الإخوان ومنتدياتهم الإلكترونية للناشط السعودي – مهنا الحبيل – يشير فيها لأسباب تراجع الإخوان في الخليج ويشرح الظاهرة فيقول: "**لقد شهدت الساحة الشعبية وتوجهات القاعدة الإسلامية لفكر الإخوان تحولات كبيرة في العهد الأخير وصلت إلى حد التصفية السلمية الطوعية في بعض المناطق كوسط المملكة العربية السعودية وجزئياً في بعض مناطقها الأخرى وبعض أقطار الخليج أي إن المفاهيم الأساسية لمدرسة الإخوان لم تعد قائمة لدى هذه الجماعات ولكنها قررت بالفعل التحول نحو فكر التيار السلفي المحافظ في الغالب، ولو بشيء من الاختلاف في النظرة إلى قيم الحياة والمجتمع.وهذا التحول إنما نقصد به أركان الفهم الأساسي لمدرسة الإخوان، كون أنها كانت أبرز مدرسة فكرية معاصرة تحتضن منهاج أهل السنة وتنطلق للتبشير بالمشروع الإسلامي**

**الحديث بغض النظر عن انحرافات هذا التنظيم أو ذلك التنظيم من أقطار الوطن العربي، ولذا فإن بعض الصراعات إنما تتم في أحيان كثيرة على مصالح حزبية وليس على خلافات فكرية مع التيار السلفي**".

وبعد أن أكّد الحبيل تراجع الإخوان في الكويت والبحرين والإمارات والسعودية وعُمان، أرجّع الكاتب ذلك إلى تأثيرات الخارج(التنظيم الدولي والإخوان في مصر والأردن وسوريا) على الخليج، إذ أثّرت بشكل سلبي – بحسب المهنا – "**المواقف السياسية المعلنة من التنظيم وقياداته حول القضايا الإقليمية والعربية والدولية**"، "**على الشارعِ المتعاطف معَ الإخوان في كل الخليج**"، مثل: "**موقف التنظيم الدولي من مشاركة الحزب الإسلامي العراقي في مجلس الحكم الذي أسسه بول بريمر، فقد أكد الإخوان الدوليون أكثر من مرة على أن هذا التنظيم وبقيادته الحالية أي د. طارق الهاشمي والمكتب السياسي للحزب يمثلون جماعة الإخوان المسلمين**". و"**فوجئ الرأي العام الإسلامي في الخليج من أن حجم التأييد لحزب الله في لبنان كان أقوى بمراحل من تأييد حركة حماس وكان تجييش الشارعْ لمصلحة حزب الله أقوى من تجييشه لحركة حماس**"، وأضاف أيضًا أن أسباب النفور من الإخوان: "**قمع الإبداع الفكري**

**والمبادرة الفردية"، و"غياب الشورى الداخلية الحقيقية"** ([24]).

الثابت أن الإخوان بدأوا يفقدون، والخلاف في أن هذا الفقد يتجه نحو السلفية التقليدية أو غيرها، أي أن الانتقال كان إلى السلفية السياسية الجديدة الخليجية أو إلى التيارات القريبة الدينية، لا تعدو هذه الظاهرة أن تكون تفسيرًا مضطربًا لاضطراب الجماعات ودقة الفوارق بينها، ربما هي ظاهرة تسلّف الإخوان. ([25])

أيًّا كان مؤدى هذا النقد الداخلي، فقد بدت على السطح بعض الأسباب أدت إلى عزوف الجماهير عن الجماعة حسب رصدنا، أختصرها في النقاط التالية:

**من جرّب المجرَّب ندم:**

يشير الباحثون إلى أن العديد من التجارب الإسلامية في الحكم، سواء على المستوى التنفيذي (إيران – طالبان السودان، غزّة) وعلى المستوى التشريعي (الكويت، مصر، الأردن، البحرين، المغرب)، لم يثبت الإسلاميون أنهم يحملون برنامجًا واضحًا، ففي الجانب التنفيذي قدموا نماذج للاستبداد السياسي الديني في الدول التي انفردوا بها، فلم يتداولوا فيها السلطة مع غيرهم، وتقزّمت مشاريعهم الحضارية الكبرى لتنحصر طروحاتهم حول اللباس واللحى والبنطال والحجاب والاختلاط

والنقاب، وتراجعت دائرة الحريات في هذه البلدان، وتردى الاقتصاد. كان لهذا انعكاسه على المواطن الخليجي وهو يشاهد هذه النماذج، وهي تُفقد النموذج الإسلامي مثاليته.

وعلى المستوى التشريعي، كان الأداء دون الطموحات والشعارات، ففي البحرين لم تدعم الجماعة الحقوق المدنية بل دعمت بعض الاتجاهات السلفية المقيدة للحريات كالفصل بين الجنسين، وإقامة هيئة الأمر بالمعروف، ومنع تصوير برنامج "**الأخ الأكبر**" في البحرين ([26])، غيره من قضايا هامشية، لم تعد تستدر العاطفة الدينية.

## الخليجي أوعى من التخويف بالغرب والشرق

اعتمد خطاب الإسلاموي قديماً على تخويف المجتمع من الغزو الفكري، والدعوة للتحصّن منه، وبشكل خاص الخطاب السلفي والصحوي بني على التحذير من الغزو الخارجي أو ما سمته الحركة الإسلامية الإيرانية: "**التسمم بالغرب**" ([27]) أو ما يسمى الآن حمى التحذير من التغربيين والمشروع التغريبي، وهذه فريضة تخرج مع كل حادثة، وتزيد التحصين الذي يتبرع الإسلاميون برسم خارطته الشعاراتية. الآن لم يعد هذا التحذير مفيداً.

## الإسلام هو الحل ولكن ما المشكلة ؟

قضية المواطن العربي والخليجي بالضرورة ، هي كيف يأكل ويؤمن قوته ، وكيف يتعلم بما يحقق رقيّه المعرفي والإنساني والمادي ، وكيف تتحقق التنمية المتوازنة بحسب الموارد ، وكيف تتحقق العدالة ، وحينما سمع بشعار: "**الإسلام هو الحل**" وانخرط معه ؛ تفاجأ بأن السؤال يجيب — عند الإسلاميين — عن: ماذا يأكل وماذا يشرب ، وماذا يلبس ، وماذا يُنمي ، ولم يحل الإشكالات التي عناها المواطن ، ولم يقدم لها طرحًا مناسبًا للفرد ، ولم يمس قضايا الفساد بل حوّرها ، فبدلاً من أن يتوسط الأخ لأخيه من دمه ، فهو يتوسط لأخيه من التنظيم ، وبدلاً من أن يناضل لقبيلته فهو يناضل لحزبه. وهذا كله لا يفيد المواطن ولم يعد يجذبه.

## الإخوان تيار المعارضة فعّال وفقط

يرى البعض أن الإخوان يكونون في حالة إبداع لا منهجي ما داموا خارج السلطة ، وهي طبائع غالب الجماعات التي تحمل هدفًا مقدسًا ، و التي ترى أن الوصول لما يبسط سلطان فكرتها يبرر الوسيلة له وبعد الوصول يبدأ المنهج الثابت. وعليه يُقدم الإخوان إبداعًا تنظيريًا يضطرد وبريق السلطة ، إذ لا يحتاج إلى مبادئ راسخة بقدر ما يحتاج مراوغات ذكية ، فإن رأوا أن المداهنة والممالأة أقرب للنفع سلكوها واعتمدوها ، وزرعوا أجندتهم ولبناتهم ، ووجهوا السهام للخطاب المعادي ، من داخل السلطة

بالاستفادة منها والاستثمار فيها ، وإلا تاجروا بالمعارضة وشعاراتها ، يتزامن مع ذلك كله روح وثابة نحو استغلال المتغيرات وتوظيفها بما يضمن ، مقابض قوية.

أيًا كانت الاختلافات فالنتيجة واحدة ، ضمور في جسم الإسلام السياسي وشعبيته. ونأتي الآن على الاحتجاجات العربية ، وارتفاع الصوت الإسلاموي من جديد.

## الاحتجاجات العربية وموقف الإسلاميين في الخليج

لم يتفاجأ العرب وحدهم بالتصاعد الغريب للأحداث في شمال إفريقيا ، المفكرون والسياسيون على حد سواء ، في الغرب كانوا على نفس القدر من المفاجأة ، فالصحافة الفرنسية اللصيقة بتونس ، كانت تُورد أخبار الاحتاجاجات التونسية في الصفحات الداخلية تحت عنوان الاضطرابات الاجتماعية. ([28])

أسباب الاضطرابات ارتبطت بشكل أو بآخر بالدعوة إلى الإصلاح ، والضائقة المالية ، وزيادة الحنق بعد تسرّب وثائق ويكيليكس ، مع غضب متنامي ، بالإضافة إلى احتجاج حقوقي ، يمكن اعتباره خارج التيارات والمرجعيات السياسية التقليدية. ([29])

تونس بدأت بقصة شخصية لامست معاناة جمع من المواطنين ضاقوا ذرعًا بالحالة الاقتصادية المرحلية والمخاوف من

سياسات الدولة في مواجهة الجائحة الاقتصادية المقبلة بسبب ارتدادات الأزمة المالية العالمية. تزامن ذلك مع حراك حقوقي وسياسي طمعًا في مزيد من الحريات ومطالبة بإصلاحات حقيقية في النظام السياسي، ورافق ذلك حنق متراكم أذكته وثائق ويكليكس التي كشفت عددا من البرقيات الدبلوماسية تناولت جوانبَ سياسية وفساداً وغطاءات متعددة.

تأخّر اليمين الإسلامي في اللحاق بالثورة في بدايتها خوفًا من القمع، ولكنه حافظ على تأييد مطالبها. أما قوى اليسار فقد أيدتها إلى حد كبير منذ اللحظة الأولى، وحركتها قوى اتحاد الشغل، والقوى المدنية الأخرى، وانتهت برحيل الرئيس التونسي زين العابدين بن علي. اعتبر الإسلاميون في الخليج الثورة دليلاً على هبّة إسلامية ([30])، ورأى بعضهم أنها عبرة لمن لم يتخذ الإسلام، كما أشار إلى ذلك الإسلاميون الإيرانيون. ([31]).

في مصر، في 11 شباط/ فبراير 2011، استجاب مبارك للمطالبات الواسعة وأعلن تخليه عن منصب الرئاسة عبر نائبه عمر سليمان، بعد مظاهرات بدأت من شكاوى اقتصادية، واحتجاجاً على الفساد وسوء الأوضاع الاقتصادية والاجتماعية والسياسية، خاصة بعد زيادة عدد السكان وزيادة معدلات الفقر بالإضافة لانتخابات مجلس الشعب التي شهدت تجاوزات متعددة ساهمت في تشكيل جبهة معارضة قوية استفادت من الحراك

الاحتجاجي الاجتماعي ، وحلول ذكرى مقتل الشاب خالد سعيد بعد تعذيبه على يد أفراد من الشرطة ، والحشد الإلكتروني الكبير الذي تطوّعت به مجموعاته لتعبئة الشارع المصري ضد الشرطة ، استغلالاً لما عرف بالإعلام الشعبي.

ورفض الإخوان المسلمون في البداية المشاركة في الاحتجاجات في بدايتها واعتمدوا إستراتيجية براغماتية. ([32])، خشية من النظام وخوفاً من أن لا تنجح الاحتجاجات في تحقيق تغيير حقيقي. ولكنهم لحقوا بها شأنهم شأن مكونات الشعب المصري بعد أن تخلخل وجود النظام ، وتدخل الجيش لصالح المحتجين. فهم لم يكونوا يريدون الانضمام إلى حركة شبابية لا تتبنى أية أيديولوجيا ، يمكن لها أن تخرج منتصرة ولكنهم بالمقابل كانوا يخشون التعرّض لقمع شديد في حال أخفقت هذه الحركة الشبابية.كان موقف الإسلاميين في الخليج التأييد التام والاستلهام. ([33])

ليبيا ما تزال إلى الآن تعيش لظى ثورة 17 فبراير في يوم غضب على شكل انتفاضة شعبية شملت معظم المدن الليبية محاكية بذلك ثورة تونس ومصر. ما تزال الشكوك في وجود عناصر من القاعدة ، فيها من عدمه. والموقف هو ذاته ، التأييد للاحتجاجات.

في البحرين ، انسجم الإسلاميون الخليجيون مع الحس الإخواني البحريني ، في تصنيف الحراك على أنه حراك طائفي. ولكنهم يستغلون ذلك للمناداة بإصلاحاتهم التي يرونها ؛ من منع للخمور ومسارعة في الإصلاح وغيره. ([34]).

في اليمن أيد الإخوان المسلمون الموقف الداعي إلى رحيل الرئيس صالح الفوري. وقد اتهم الرئيس علي عبد الله صالح الإخوان في الخليج العربي بدعم احتجاجات الشباب والتخطيط لها وقال: "**الجميع يعرف من أين هذا المال الذي يتدفق من الخارج، ونعرف أنه جزء منه رسمي وجزء منه غير رسمي ما يسمى بالجمعيات الخيرية لحركة الإخوان المسلمين، وعلى وجه الخصوص المال الذي يتدفق من حركة الإخوان المسلمين في دول مجلس التعاون الخليجي، وليس للأنظمة ضلع في هذا الأمر**". ([35])

## هل أنقذت الثورات شعبية الاخوان؟

مبادئ كراهية الظلم ، والعدل ، والانحياز للفقراء ؛ مبادئ أخلاقية فاضلة ، ولون الفضيلة عند عامة الشعوب الإسلامية والعربية لون ديني ، لذلك لا يتورع الناس في صبغ كل داعية لهذه الشعارت بأنه داعية ديني  والشعوب العربية سريعة الاستجابة لدعاة الأدلجة ، وهو ما استغله الإسلاميون.

شعر الإسلاميون وهم يرون الغنوشي يعود إلى تونس والرؤساء يزورون مرشد الإخوان في مصر ويرون العالم يتصرف وكأن مصر أصبحت بعد ثورتها إخوانية، بعودة الألق، والشعبية، مع شعور بقوة ستؤول لها الأمور قريبًا. ([36])

## سمات عامة رسمت خطاب الإسلاميين

الفرضية المنتشرة لتفسير مجريات الاستبداد العربي "أصبح الوطن العربي واقعًا بين مطرقة الدول التسلطية وسندان الحركات الإسلامية الأصولية، الأمر الذي قاد إلى إجهاض الطموحات لإنجاز ثورة ديمقراطية حقيقة. وقادت نهاية الحركات الأيديولوجية الكبيرة التي عرفها الوطن العربي في مرحلة ما بعد نهاية الكولونيالية: القومية، والاشتراكية، إلى الصدام بين الدولة التسلطية العربية والإسلام السياسي المستقوي بانتصار الثورة الإسلامية الإيرانية في 1979. قادت هذه المواجهات إلى حدوث حروب أهلية في أكثر من بلد عربي. وفي ظل هزيمة الإسلام السياسي، تغوّلت الدولة التسلطية العربية على المجتمع المدني، ورفضت انتهاج سياسة الانفتاح الديمقراطي، مخافة – حسب رأيها – أن تُعبد الديمقراطية الطريق لوصول الإسلاميين إلى السلطة". ([37])، بناء على ذلك جعل الإسلاميون من أنفسهم ضحايا الأمس واعتبروا زوال حكم أكبر المضيقين عليهم في تونس ومصر، دليلاً على أن

دولتهم دالت ، و دنت ساعة نصرهم فعادت إليهم الروح الثورية التي تكمن في نفس كل التيارات الأيديولوجية متحيّنة ساعة من ساعات النصر أو أشباهها ، وعاد إليهم الكثير ممن انشقوا عليهم واعتنقوا أفكارًا وإيديولوجيات أخرى ، على حد تعبير عوض القرني. ([38]).

لم يغفل الإسلاميون في الخليج الكلمات المفتاحية التي صنعت التغيير في تونس ومصر ، الديمقراطية الإصلاح ، المجتمع المدني ، الفساد ،...إلخ ، لكن ذكاء الآباء المؤسسين للإخوان في الخليج خانهم ، حينما كانوا يراعون خصوصية الخليج. حيث حاول الإخوان في الخليج استنساخ نفس المطالب ، لا لسبب غير أن الشعوب الأخرى ثارت.

يجدر التنبيه إلى أن المجتمع الخليجي لم ينشأ على تكوينات سياسية واتجاهات متضادة فكرية ، بل ما زال يحمل لبنات المجتمع القبلي العشائري في مستوياته الكبيرة، دخلت عليه قيم المواطنة دون أن تمر عبر مراحل المدنية ، فشكلت النظم الكبيرة القائمة على الولاء ، الوعاء الذي تسير فيه المدنية ، فبنيت المدنية لا من جلد الشعب ، بل من جلد الدولة ، وفي هذا الإطار يُفهم تعليق عبدالإله بلقزيز **"لا غرابة من انعدام معارضة في بلاد المجال التقليدي- وبخاصة منطقة الخليج — ما خلا بلدين هما الكويت والبحرين".** ([39]) ، فالمعارضة السياسية

الصريحة ، تنشأ لدواعي "فكرية" وعن بنيوية ربما غابت عن المجتمع الخليجي وهذه ليست محمدة أو مذمة بقدر ما هي توصيف ، ومحاولة فهم ، فالعقد الاجتماعي الخليجي مركب ومبني على علاقة خاصة بين القاعدة والقمة ، وإسقاط القراءة التاريخية الأوروبية في القرن الثامن عشر لصيرورة الأنظمة الملكية على دول الخليج ، تسطيح مبالغ فيه.

موقف دول الخليج من الاحتجاجات العربية بين حفظ النظام ، والدعم لخيارات الشعوب المُحتجة ، محل بحث ، فالتخوّف من سقوط النظم الجمهورية ظلّ ماثلاً في المقالات والدراسات التي حلّلت موقف دول الخليج ، فالبعض نقل أن التخوّف مرده إلى "**أن فقدان دعم حلفاء النظام الجمهوري العربي قد يصبُ في مصلحة إيران. وربما كان هناك مبعث قلق آخر للأسر الحاكمة في الخليج يتمثل في إمكانية بروز حركة الإخوان المسلمين لتمثل تهديداً جديداً في عقر دار الدول الخليجية**" ([40])

وهو ما تجلى في محاولة الإخوان البروز بشكل غريب في الخليج بقيام "**133 من الأكاديميين والصحفيين ونشطاء المجتمع المدني الإماراتي بتوقيع عريضة تطالب رئيس الدولة بإنشاء برلمان منتخب ومنحه الصلاحيات التشريعية. وعلّق المراقبون الإماراتيون بأن هذه العريضة لن تحظى على الأغلب**

بالدعم والإقبال الكافي للمشاركة فيها نظراً لكونها تضم أسماء عدد من الشخصيات التي يشتبه بانتمائها إلى جناح حركة الإخوان المسلمين في الإمارات.

ومن هنا ذهب بعض المراقبين إلى أنه في حال اعترفت الإمارات بمطالب العريضة التي وقع عليها هؤلاء الأشخاص، فإن ذلك يعني بطبيعة الحال تأكيداً واعترافاً بشرعية مطالب أعضاء حركة الإخوان المسلمين." ([41])

ربما عُدت تلك المحاولة محاولة لاقتناص الفرصة، وهي أبرز سمات الخطاب الإسلاموي الراهن. وإن كان لم يخل من التناقض فالرسالة الإخوانية كانت: ثورات الآخرين أدوات ضغط، يمكن الاستفادة منها والمناداة بالإصلاح الآني، كانت جانباً من عمل الإخوان، تبدّى في دعوة رموز جمعية الإصلاح المحسوبة على الإخوان في الإمارات. وربما كان احتياج الإخوان في مصر للإيمان بالدولة المدنية، إشارة أخرى أبرزت انعكاسها في الخطاب الإسلاموي في الخليج، فكانت دعوة الإصلاح مرصعة بالمطالبات المدنية ومزينة بالديمقراطية، ومحلاة بالعدالة. وهي ما أتوقع أن تظل نغمةً عالية في الخطاب الإخواني، لفترة من الزمن.

بادر إسلاميو المملكة العربية السعودية إلى دعم السلطات في ما أشيع أنه حرّاك شعبي، على غرّار الحِرّاك الشعبي، في الدول الأخرى، فكان موقف الإسلاميون "كالعادة"، الترقب، للتأكد من

نجاح الحركة ، ولكن نجاحها لم يكن محسومًا فاجتنبوها ، بل وقفوا ضدها ، وطالبوا لوقوفهم بالثمن: فتفرّغ قِسمٌ منهم للاستنصار بالدولة على المخالفين في الرأي ، وخوَّن من خوّن ، وشنّ حملة شعواء على التغريبين. ولا أدري وجاهة استشهاد البعض بتلويح عوض القرني بملف الإصلاح ومحاربة التغريبين ، تزامنًا مع الدعوات العربية للثورة. ([42]).

## تهوين الإشكاليات الحقيقية

يُركِّز الإسلاميون في خطاباتهم الجماهيرية ، على أن الإشكالات التي تواجهها الدولة إشكالات بسيطة وهيّنة ، ويمكن حلها ببساطة ، فقضية البطالة هيّن أمرها: "**نقوم فقط بتخفيض العبء الوظيفي لنصف العاملين. ونوظف مثلهم ونكلف الدولة فقط نصف العاملين**" ([43]) فقط ، ويقترح آخر أن حل البطالة هو بالتهييج والوقفات الاحتجاجية على غرار مصر وتونس ([44]) ، أمام الموارد البشرية ، فتنحَل المشكلة.

وهو خطابٌ يحتاج لمراجعة حقيقية ، فتعقيدات الاقتصاد الكلي ، وفرضيات التنمية ، والموازنات العامة والقرارات الكبرى ، لا تحتاج لمنابر وعظية ، ولا تحتمل المزايدات السياسية ، قد يكون الخطاب ناجحًا لوهلة في الإيعاز –الوقتي – بضعف الفكر الإداري للسلطة الفلانية ، وقد يوضح الرسالة في رغبة التيار الإسلامي

لتمثيل البديل ، ولكن هذا الخطاب الوقتي ، ينحسر عنه السحر والبريق ، حينما يُخضع للمنطق.

## المزايدة على الديمقراطية ، والمدنية

بالرغم من أن الحِس الديمقراطي في الثورات كان حِسًّا مدنيًّا ([45]) ، وبالرغم من مشاكل الإسلاميين مع النظام الديمقراطي ؛ فالنهج الديمقراطي يعتمد الدستور الذي تراضت عليه الأمة ، بينما يُخضعه الإسلاميون لتفسيرهم للنص الشرعي ، وتقوم المثل الديمقراطية بإعطاء الشعب حق صياغة القوانين عبر نوّابه ، بينما يحتكر خبراء الحركات الإسلامية ذلك ، ولا تزال العديد من القيم كالفردية ، والمعاني كالعقد الاجتماعي وغيره محل بحث ومراوغة. فالإسلاميون "لم ينظروا إلى الهوية الاجتماعية والمصلحة العامة كترتيب لمجموع الهويات والمصالح الفردية، بل كوحدة مستقلة بذاتها". ([46]) ، وبحسب توفيق السيف ، فالإسلاميون إلى الآن ينتجون مناقشة الإشكالات الأصلية ، مثل إشكالية المجتمع التعاقدي ونظام الحكم الذي يقوم على أساسه. ([47])

إلا أنّ تبني إخوان مصر ، لخيار الدولة المدنية والديمقراطية ، صعّد من أسهم الديمقراطية ، على ما فيها من لغط ، فالمصريون يرفعون الشعار بألوان متغيرة ، إذ الديمقراطية والمدنية هي الخيار الأحظى بالشعبية ، والقبول العالمي ، إلا أنهم

أنفسهم عادوا بعد أيام وأكدوا أن مصر دولة مدنية بمرجعية إسلامية ، ([48]) ثم أكدوا أن الديمقراطية لا تحلُ حلالًا ولا تحرِّم حراماً. ([49]) وتراجعوا إلى أنهم لن يقبلوا أبدا أن ترتفع أصوات المواطنة والديمقراطية والحرية على صوت الدين والشريعة. ([50]) هذا تلوّن بلون المرحلة. وكله سيكون له انعكاسه على إخوان الخليج.

إذا كان الإسلاميون بدؤوا جدياً في تحديد موقفهم المعقد من قضية الديمقراطية ، فإن هذا التعاطي الإيجابي لا يعني أن الإسلاميين أصبحوا ديمقراطيين أو تخلوا عن تحفظاتهم العديدة عن بعض المفاهيم الغربية فالتيار الإسلامي الأصولي الذي فرض نفسه أفقياً وعمودياً في الوطن العربي ، لا يزال متحفظاً على الديمقراطية كمشروع سياسي متكامل ، وإن اختلفت مستويات التحفظ على هذا المشروع. ([51])

## تغيير في الخطاب

المسرح السياسي الجديد ، يستلزم تبني الخيارات المدنية لأمان غضب الغرب ولضمان رضى الشعب ويجتهد في إثبات ذلك الإسلاميون ، تتنازعهم الإيديولوجيا ومتاريس سلفية اندمجت مع الجيل الجديد ، ربما يستفيدون من التنوع الداخلي ، ليدفعوا بأكثرهم لياقة لتبني الخيارات الجديدة. الخطاب الجديد يجب أن يتناسب مع الديمقراطية ، والتصالح مع الغرب ، والكثير من

القضايا الهامشية. ولكن السؤال الحقيقي الذي سيتهرب منه الإسلاميون: هل يستطيع الإخوان تبني الهوية الوطنية؟ وهل يستطيعون الانسجام مع التعدد والاختلاف الطبيعي والفكري الذي يعيشه الخليج، ورعاية الإثنيات والطوائف والتعامل معها بميثاق وطني؟ فالتحدي المركزي الذي يواجهه الفكر الإسلامي هو مفهوم التعددية بمظاهرها المختلفة الفكرية والدينية والسياسية والثقافية واللغوية والعرقية، واحتكار الحقيقة المعرفية، وانعدام التسامح الحقيقي. ولن تستطيع ثورة "**غضب**" أن ترسم جوابًا لهذا السؤال، ولا يُمكن لعمليات التجميل، والسياسات البراغماتية تقديم حل للتحدي، فهل سيجدي الخطاب الجديد، المتهرب من المشاكل في إقناع الرأي العام، أو الحفاظ على المكتسبات الجماهيرية؟.

## خلاصة

تاريخ العمل الإسلاموي في الخليج يكشف أن مهنة الإسلاميين هي اغتنام الفرص، وتطوير الخطاب إما للكسب الجماهيري أو السياسي، والآن يغتنمون فرصة نجاح الاحتجاجات العربية، واستمرار صعود نجم النموذج التركي، في محاولة لإنقاذ شعبيتهم في الخليج، للظهور بشعارات إصلاحية جديدة، تماشيًا مع المرحلة الجديدة، ويُراوحون بين التلويح بالاحتجاجات وشعارها، أو الدخول في حلفها والتصالح معها لضرب الآخرين، لا

يزال البَون شاسعًا بين المدنية الحديثة والفكر الأصولي ، ولم تعد المساحات تحتمل الترقيع.(<sup>12</sup>)

([1]) راجع باقر النجار، الحركات الدينية في الخليج، دار الساقي، 2007 ، ص 116.

([2]) يقول الدكتور توفيق السيف: "إن أبرز العوامل الدافعة لفكرة المشاركة، هو تراجع فكرة البديل الإسلامي في صيغته التقليدية ولا سيما بعد تجربة إيران منذ عام 1989، وأفغانستان منذ عام 1996". انظر: توفيق السيف، رجل السياسة دليل في الحكم الرشيد، الشبكة العربية للأبحاث والنشر، 2010، ص43.

([3]) غالبًا ما استفاد الإسلاميون من محنهم، فمحنة الإخوان في مصر استعطفت المملكة العربية السعودية ودول الخليج، ومحنتهم في حماة السورية استعطفت قطر، وإلى الآن يعتبرون استضعافهم جاذبا للجماهير، ومهيئًا لنفسياتها لتلقي الدعوة.

---

(<sup>12</sup>) الإسلام السياسي في الخليج خطاب الأزمات والثورات – دراسة – عمر البشير الترابي – الموقع الإليكتروني لمركز المسبار للدراسات – 16 /9/ 2013 – الرابط:

http://www.almesbar.net/%D8%A7%D9%84%D8%A5%D8
%B3%D9%84%D8%A7%D9%85-
%D8%A7%D9%84%D8%B3%D9%8A%D8%A7%D8%B3%D9%8A
%D9%81%D9%8A-
%D8%A7%D9%84%D8%AE%D9%84%D9%8A%D8%AC-
%D8%AE%D8%B7%D8%A7%D8%A8-
%D8%A7%D9%84%D8%A3%D8%B2%D9%85%D8%A7/

([4]) روبرت ستالوف، الأربعاء 18 أيار/ مايو، 2011 - http://arabic.washingtoninstitute.org/templateC05.php?CID=3121&portal=ar

يقول ستالوف "ورغم أن "الربيع العربي" قد قدم فرصة لنهضة أشكال أخرى متنوعة من الإسلاموية التي ربما تكون أخف من "أسلوب أسامة بن لادن" لكنها ما تزال غير ليبرالية في جوهرها ومعادية للغرب ومعادية لأمريكا."

([5]) باقر النجار، الحركات الدينية في الخليج العربي، 2010، ص 22. أشار لذلك بقوله "قدرتهم على تغيير مواقفهم أو تمييعها من القضايا السياسية والاجتماعية المهمة في الداخل الخليجي والقومي العربي، مما جعل منهم قوة ذات حضور لافت في لعبة التوازنات السياسية".

([6]) انظر: منصور النقيدان وآخرون، قصة وفكر المحلتين للمسجد الحرام، مركز المسبار فبراير 2011، ص 105 – 106، نقل شهادات كبار العلماء الذين وصفوا الحس الديني في تلك الفترة في المملكة العربية السعودية بالضعيف، وينقل عن جريدة المدينة، 20 مارس 2006: حديث عبدالمحسن العبيكان في وصف الحالة الدينية السائدة في الخمسينات" في تلك الفترة لم يكن يصلي إلا كبار السن، أما غالب الشباب فهم لا يصلون ويستهزئون بمن يصلي إلا القليل النادر منهم، كان الشباب يرون الصلاة نوعًا من التخلف". انظر أيضًا باقر النجار، الحركات الدينية في الخليج العربي، دار الساقي، 2007، ص 34.

([7]) ظلّ الإخوان في الخليج يعملون تحت مظلات وواجهات خيرية واجتماعية وثقافية، في ظل المنع القانوني للأحزاب السياسية، واختاروا لجماعاتهم أسماء مرتبطة بالإصلاح والتنمية، مغايرين جماعة

الإخوان في مصر التي اعتمدت على شعار جهادي مثل وأعدو، واختيار مسميات الإصلاح، ربما يكون عن تكيّف مبدئي من قدامى الإخوان.

([8]) عبد الله بجاد العتيبي وآخرون، الإخوان المسلمون والسلفيون في الخليج، مركز المسبار للدراسات والبحوث، 2010، الطبعة الثانية، ص33.

([9]) انظر: فلاح المديرس، جماعة الإخوان المسلمين في الكويت، دار قرطاس للنشر، الكويت، الطبعة الثانية، 1999م، ص 5 — 10. ومفيد الزيدي، التيارات الفكرية في الخليج العربي، مركز دراسات الوحدة العربية. وهاشم عبد الرزاق الطائي، التيار الإسلامي في الخليج، دراسة تاريخيّة دار الانتشار العربي 2010، ص 131.

([10]) هاشم عبدالرزاق الطائي . مصدر سابق

([11]) منصور النقيدان، الإخوان المسلمون والسلفيون في الخليج، مركز المسبار للدراسات والبحوث، الطبعة الثانية 2011، ص 109.

([12]) لورينزو فيدينو، الإخوان المسلمون في الغرب، الخصائص، الأهداف، السياسات العامة، شهادة أمام اللجنة الفرعية الدائمة للمخابرات بمجلس النواب الأميركي، 13 أبريل: للإطلاع على النص الكامل:

http://intelligence.house.gov/sites/intelligence.h
ouse.gov/files/documents/SFR20110413Vidino.pdf

([13]) مقابلة تلفزيونية مع الكاتب السعودي جاسر الجاسر، برنامج المجلس، قناة الحرة الفضائية 22، تموز، 2005: نقلاً عن الطائي، مرجع سابق هامش 4، 189

([14]) عبد العزيز الخضر،السعودية سيرة دولة ومجتمع — قراءة في تجربة ثلث قرن من التحولات الفكرية والسياسية والتنموية، الشبكية العربية للأبحاث، 2010، ص 832.

([15]) لم تكن نشوة الإسلاميين مقصورة على السعودية؛ ففي البحرين كانت فترة الثمانينات مرحلة الانبعاث الحقيقي للحركات الدينية: انظر غسّان الشهابي، الإخوان المسلمون والسلفيون في الخليج، الطبعة الثانية، 2011، ص 160.

([16]) انظر: غسان سلامة، السياسة الخارجية للسعودية منذ عام 1945، معهد الإنماء العربي، ص 648 ــ 650. نقلاً عن هاشم الطائي، التيار الإسلامي في الخليج، دار الانتشار العربي، ص 121.

([17]) إشارة شهادة لورينزو فيدينو، في شهادته أمام الكونجرس الأميركي، في 13 أبريل 2011. إذ كان يوصِّف نفس الحال في الغرب. التقاء الشباب المتحمس، برجال الخبرة المطاردين.:

http://intelligence.house.gov/sites/intelligence.h

ouse.gov/files/documents/SFR20110413Vidino.pdf

([18]) خامه يار، إيران والإخوان المسلمون، ص 254 ــ 255.

([19]) باقر النجار، الحركات الدينية في الخليج، دار الساقي، 2010، ص 28.

([20]) في حديثه عن الحركات السلفية الخليجية، أو الإسلاموية الراديكالية الجديدة، يشير باقر سلمان النجّار إلى فرضية جديرة بالاعتبار، في رصده لعمليات انبثاق/ انسلاخ الحركات السلفية من الجماعات الإخوانية فيقول "وقد جاء انسلاخ الجماعة السلفية من جمعية الإصلاح متزامنًا مع الانسلاخات التي حدثت في صفوف الجماعة الإسلامية في الكويت، وكأن هناك قرارًا مركزيًا قد اتخذته الجماعة السلفية الخليجية نحو تأسيس تنظيماتها السياسية المحلية وبداية انسلاخها من حركة الإخوان المسلمين، وهو التنظيم الذي ارتضت الجماعات والفرق السياسية السنية العمل تحت لوائه خلال

الحقب السابقة. باقر النجار، الحركات الدينية في الخليج، دار الساقي، 2010، ص 54.

([21]) تراجعت قوة الإسلاميين السنة ومؤيديهم من 21 مقعدًا في البرلمان السابق إلى 11 مقعدًا في البرلمان المنتخب 2009، كما حل عدد من الإسلاميين في المراتب الأخيرة بين الفائزين.وتعتبر الحركة الدستورية الإسلامية (حدس) هي الخاسر الأكبر في هذه الانتخابات، فقد أظهرت هذه الانتخابات مدى التراجع الذي ألمَّ بها منذ انتخابات 2006، حيث انخفض عدد المقاعد التي حصلت عليها من ستة مقاعد في مجلس 2006 إلى ثلاثة في مجلس 2008، ثم واحد فقط في مجلس 2009، حصل عليه النائب "جمعان الحربش" . أما السلفيون الذين شكلوا قوة كبيرة في المجلس الماضي إلى درجة ترشح أحدهم (خالد السلطان) كنائب لرئيس البرلمان، واعتراضهم على تعيين الشيخ ناصر المحمد رئيسًا للوزراء، فقد تراجعت قوتهم وانخفض عدد نوابهم من 9 نواب في البرلمان السابق (4 بشكل رسمي وخمسة قريبين منهم)، إلى نائبين فقط في مجلس الأمة الجديد..:
http://www.islamstory.com/انتخابات-الكويت-
وتراجع-الإسلاميين-ملفات-ساخنة/

([22]) أشار ناثان ج. براون في دراسته التقييمية "الانتخابات البرلمانية في الكويت عام 2008: هل تمثل تراجعًا للتيارات الإسلامية الديمقراطية" إلى أن خسارة حدس (واجهة الإخوان) كانت نجاحًا للسلفيين الإسلاميين المحافظين؛ ويُفهم من ذلك أن التراجع ضمن الإطار

Arabic.carnegieendowment.org/publications/?fa
=view&id=23541

([23]) راجع موقع البيبيسي

http://www.bbc.co.uk/arabic/middleeast/2010/10/101031_bahrain_elections_new.shtml، وغيره من وكالات الأنباء.

([24]) الدراسة نشرت في الوطن البحرينية على أربع حلقات 26 – 27 -28 – 29/ 5/ 2008.

([25]) نشر الباحث المصري حسام تمام دراسة بهذا العنوان في معالجة هذه الظاهرة: أشار فيها إلى أن جماعة الإخوان المسلمين مرّت بحالة من التحول للسلفية منذ أوائل الخمسينيات، وعن التحولات الأخيرة التي عرفتها جماعة الإخوان المسلمين، وتتناول ظاهرة تسلف الإخوان، كظاهرة اجتماعية وفكرية، ونتاج عوامل داخلية وخارجية ساهمت في تعميق تأثير السلفية في الحركة الإخوانية. المرحلة الأولى لتسلف الإخوان كانت في الحقبة الناصرية، أما الموجة الثانية ففي السبعينيات، إذ خرج الإخوان حينها من السجون في عهد السادات وبدأ موسم الهجرة إلى الخارج، أما مرحلة الثمانينيات فهي مرحلة كمون السلفية الإخوانية، وتبين الدراسة إن التأثير المتبادل بين الإخوان والسلفية تميّز بصيغة يمكن تحديدها، فبقدر ما كان التأثير الإخواني في السلفية حركياً بقدر ما كان التأثير السلفي لدى الإخوان إيدولوجيا. فبالتأثير الأول ظهر الفرع القطبي الذي نتج عنه السلفية الجهادية عبر فرع الإخواني الفلسطيني الشيخ عبد الله عزام، ثم تيار الصحويين عبر فرع الإخواني السوري محمد سرور زين العابدين. في حين أن التلاقح الحاصل في الاتجاه الثاني، الذي اتخذ طابعاً جهادياً عبر الجماعة الإسلامية وتنظيم الجهاد، أنتج ما يسمى (جيل السلفيين الإخوانيين).

([26]) باقر النجار، الحركات الدينية في الخليج، دار الساقي، 2007، ص 39.

([27]) فرهنك رجائي، الإسلاموية والحداثة؛ الخطاب المتغير في إيران، مركز الإمارات للدراسات والبحوث الإستراتيجية،2010، ص 30.

([28]) جاك أ.قبانجي،لماذا فاجأتنا انتفاضتا تونس ومصر؟ مقاربة سوسيولوجية، مجلة إضافات، العدد الرابع عشر/ ربيع 2011. ص 11.

([29]) عمرو الشوبكي، الحركات الاحتجاجية العربية، مركز دراسات الوحدة العربية، 2011.

(30) انظر بيانات د.عوض القرني، د.سلمان العودة، وغيرهم من الصحويين في الخليج.

انظر محاضرة عوض القرني :

http://www.youtube.com/watch?v=EUp0RFh5q
eU

(31) انظر لخبر أحمدي نجاد، جريدة الحياة :

http://international.daralhayat.com/internationa
larticle/225391

(32) CTC Sentinel Objective. Relevant. Rigorous

The Muslim Brotherhood's Role in the Egyptian Revolution, February 2011 .Vol4 . Issue2

([33]) انظر بيانات د. عوض القرني، د. سلمان العودة، وغيرهم من الصحويين في الخليج.

انظر محاضرة عوض القرني:

http://www.youtube.com/watch?v=EUp0RFh5q
eU

([34]) محاضرة عوض القرني:

http://www.youtube.com/watch?v=EUp0RFh5q
eU

([35]) انظر: موقع الواقع الإلكتروني:

http://www.alwaqa.net/index.php?action=show
News&id=269

([36]) محاضرة عوض القرني:

http://www.youtube.com/watch?v=EUp0RFh5q
.eU

(37]) توفيق المديني، مجلة المستقبل العربي (العدد 386)،
2011، ص 121.

(38]) محاضرة عوض القرني:

http://www.youtube.com/watch?v=EUp0RFh5q
.eU

(39]) عبد العزيز الخضر، السعودية سيرة دولة ومجتمع —
قراءة في تجربة ثلث قرن من التحولات الفكرية والسياسية والتنموية،
الشبكية العربية للأبحاث، 2010، 782.

(40]) سلطان بن سعود القاسمي:

http://www.awtanalarab.com/newp/artc/4773/n
ews//index.html

(41]) سلطان بن سعود القاسمي:

http://www.awtanalarab.com/newp/artc/4773/n
ews//index.html

(42]) عوض القرني، محاضرة بعنوان:

http://www.youtube.com/watch?v=EUp0RFh5q
eU

(43]) راجع المحاضرة:

http://www.youtube.com/watch?v=EUp0RFh5q eU

([44]) راجع كلمة محمد المنصوري، في المؤتمر العاشر لاتحاد الطلبة، فبراير 2011.

http://www.youtube.com/watch?v=8b0QTDaS92I&feature=related

([45]) توفيق المديني، مجلة المستقبل العربي (العدد 386)، 2011، ص 121.

([46]) توفيق السيف، رجل السِّياسة دليل في الحكم الرشيد، الشبكة العربية للأبحاث والنشر، 2011. ص 55.

([47]) توفيق السيف، رجل السِّياسة دليل في الحكم الرشيد، الشبكة العربية للأبحاث والنشر، 2011. ص 120.

([48]) الموقع الرسمي لجماعة الإخوان المسلمين : على لسان المرشد العام السابق للإخوان المسلمين محمد عاكف (30 ابريل 2011):

http://www.ikhwanonline.com/new/Article.aspx?SecID=211&ArtID=83449

([49]) صحيفة الشروق، 5 مايو 2011: حديث محمد بديع:

http://www.shorouknews.com/contentdata.aspx?id=447300

([50]) صحيفة الشروق، 5 مايو 2011: حديث محمد بديع:

http://www.shorouknews.com/contentdata.aspx?id=447300

([51]) توفيق المديني، مجلة المستقبل العربي (العدد 386)، 2011، ص 121.

## فالح عبد الجبار: يوم نطَق شيعة العراق

### نوال العلي

ضمن بحث ضخم ونادر، يشرّح الباحث العراقي جذور الحراك السياسي الشيعي في بلاد الرافدين. في **"العمامة والأفندي"** (دار الجمل)، يقدّم عالم الاجتماع محاولة لفهم العلاقة بين المقدّس والدنيوي في حركات الاحتجاج الدينية في العراق بمقارنة مع الثورة الإسلاميّة في إيران نوال العلي هي محض مصادفة أن نحكي عن كتاب فالح عبد الجبّار **"العمامة والأفندي"**. (دار الجمل – تعريب أمجد حسين)

في الذكرى السابعة لسقوط بغداد التي تصادف اليوم. هنا، ينجز عالم الاجتماع العراقي بحثاً ضخماً هو واحد من الأعمال النادرة التي تناولت جذور **"الإسلام الشيعي"** و**"سوسيولوجيا خطاب وحركات الاحتجاج الديني"** وتجاوزت النموذج الإيراني، مولية جلّ تركيزها للحالة الشيعية العراقية المعقدة. رغم أن الحراك النضالي الشيعي في العراق سبق الثورة الإيرانية، بحسب الباحث، إلا أن الاهتمام بجذوره وسياقه الاجتماعي لم يلق العناية التي حظي بها شيعة إيران. وقد يعود ذلك إلى أسباب كثيرة، لن

تُستثنى منها صعوبة إجراء أبحاث ميدانية قبل سقوط بغداد وحتى بعدها، ولا سيما حين يتعلق الأمر بالعراقيين الذين كانوا "**يلطمون الصدور في حي الفقراء غرب بغداد (مدينة الصدر الآن) يوم سقوط تمثال صدام حسين**"، والذين كانوا بذلك يقدمون "**عرضاً رمزياً للولاء للإمام وتعبيراً عن الاحتجاج وبياناً جسدياً يحمل ضيم الماضي**". كان هذا الاحتفال مكتنزاً بالرموز وخاوياً من اللغة السياسية. في جمهورية الصمت هذه، يحتاج المرء إلى أن يتعلم النطق. الحشود التي تجمّعت لم تكن قادرة على أن تنطق شعاراً سياسياً واحداً، "**لهذا، غدت الرموز الثقافية الخرساء وسيلةً لإظهار الهوية**". يمكننا تصوّر الجهد الذي تكبّده صاحب "**الديموقراطية المستحيلة**" خلال سبع سنوات (بين 1991 و1998) للإحاطة بالبنى الاجتماعية للشيعة منذ تكوّن الدولة العراقية الحديثة. هم لم يؤلّفوا تركيبة واحدة واضحة ومتماسكة، بل كانوا منقسمين إلى جماعات متعددة، ولم يعبّروا عن هويتهم بوصفهم الطائفي، بل كان انتماؤهم الفعلي عشائرياً محضاً.

وإن كان الشيعة منذ العشرينيات منقسمين إلى مسارين متعارضين بين دعاة الوطنية العراقية ودعاة الطائفية المحلية، غير أن الطبقات الاجتماعية الشيعية لم تتطور إبّان الحكم الملكي. حتى المتشرّبون بالنزعات الطائفية منهم كانوا ينخرطون

في أي سياسة دستورية تقرّ بوجود الدولة الوطنية العراقية. كان الموقف المشترك بين الاثنين هو الإجماع على عراق واحد. حتى حين اتخذت مجموعات شيعية متفرقة مواقف المعارضة، كان محرّكها دوماً قضايا على رأسها الغبن في التمثيل السياسي والتظلمات الاقتصادية، من تأميم الأوقاف الشيعية ومصادرة أملاك زعمائها إضافة إلى ما يسمّيه الباحث: "الانتهاك الثقافي" مع بزوغ العلمانية ودعاة الحداثة الفكرية. أمّا عن مبررات النشوء الفعلي للحركة الإسلامية الشيعية الحديثة في عتبة النجف سنة 1958، فيعزوها عبد الجبار، رئيس "**معهد دراسات عراقية**" في بيروت، إلى التحوّلات التي مثّلت ثورة تموز (يوليو) 58 مفتاحاً لها. من بين هذه التحوّلات أفول الطبقة الاجتماعية القديمة، بما فيها طبقة رجال الدين، وانتقال السلطة إلى الطبقات الوسطى الحديثة بعدما ألغيت ملكية الشيوخ للأراضي، وأقرّ قانون جديد للأحوال الشخصية، وانتشرت الماركسية على نحو شعبي كبير. كل هذه التغيّرات السريعة أحدثت صدمة حقيقية لعلماء النجف. من هنا، نشأت جذور "**حزب الدعوة الإسلامية**" وراحت تخوض معركة مع الماركسية. وبدءاً من هذه البذرة التي تمثلت في مفهوم أصولي مناهض للعلمانية، تحوّل مسار الحركة الإسلامية الشيعية إلى الاحتجاج على التمييز نتيجة لممارسات حكم الأخوين عارف العسكري، قبل أن تتحوّل إلى الراديكالية في ظل نظام "**البعث**". ويشير عبد الجبار إلى أن انقسام القطاعات الناشطة في طبقة

رجال الدين بين إصلاحيين وتقليديين ، والانقسام وفق خطوط القرابة والمدينة والإثنية أدّيا إلى "**تعميق الانقسامات الفقهية والإيديولوجية والسياسية بين كربلاء والنجف والكاظمية وقم، أو بين العناصر والأسر الفارسية والعربية**". الغبن السياسي والاقتصادي كان محرّكاً لكلّ معارضة شيعيّة هذه الطبيعة المتشظّية للمرجعية في الإسلام الشيعي في العراق زادت في ظل العقوبات الاقتصادية التي فرضت على العراق أواخر التسعينيات وأدت إلى تقسيم النفوذ تقسيماً إقطاعياً وتسييس الهوية المذهبية. ويرى عبد الجبار ، الذي عمل أستاذاً في مدرسة السياسة وعلم الاجتماع في "**كلية بيركبيك**" في جامعة لندن ، أن هذه "**التعددية ضمن طبقة رجال الدين، المتشظية أبداً، من شأنها أن تبقى المعيار السائد في عراق ما بعد الحرب**". "**العمامة والأفندي**" مرجع يصفه صاحبه بأنّه "**محاولة لفهم العلاقة بين المقدّس والدنيوي في مناشئ حركات الاحتجاج الدينية في العراق بمقارنة مضمرة مع إيران**". هاتان المفردتان تلخّصان التاريخ الذي مرّ به الرأس العربي ، من العمامة التي كانت تعبّر عن الهوية والطائفة والدين ، وصولاً إلى الطربوش وميل الناس إلى تذويب هوياتهم الطائفية في لباس لا يعبّر عن عرق ولا دين. وربما يجدر الآن أن يكتب كتاب: "**العمامة والأفندي والعمامة مرة أخرى**" أمام الميل إلى التعبير بتطرّف عن الهوية بعد أفول النظام العالمي المبني على اقتصاد السوق المنظّم كما بشّر به آدم سميث ، وبعد

نظريّة صموئيل هنتينغتون "**صراع الحضارات**" التي استبدلت القوميات بجزر معزولة بجدار الدين. أمرٌ يقتضي زحفاً عسكرياً في كل مرة تكون ذرائع مثل تحقيق الديموقراطية أو الثورة حفلاً تنكرياً للوصول إلى الثروة.([13])

---

([13]) **فالح عبد الجبار: يوم نطَق شيعة العراق – نوال العلي – مقال – جريدة الأخبار اللبنانية – العدد ١٠٨٧ - ٩ /4/ ٢٠١٠ – الرابط:**

**http://www.al-akhbar.com/node/53162**

# رشيد الخيون: الإسلام السياسي في تراجع والأحزاب الإسلامية

## التي أظهرت بعض الانتصارات في الانتخابات البرلمانية في دولها إنما فعلت ذلك لأنها قدمت برامج وطنية

الإسلام السياسي في تراجع ، والأحزاب الإسلامية التي أظهرت بعض الانتصارات في الانتخابات البرلمانية في دولها ، إنما فعلت ذلك لأنها قدمت برامج وطنية أقرب إلى العلمانية منها إلى الخطاب الديني. الدكتور رشيد الخيّون ، الباحث العراقي ، يعتبر أن أحد أسباب تراجع الأحزاب الاسلامية هو وصول بعضها إلى السلطة في بعض الدول ، مثل إيران ، حيث تمت تجربة البرنامج الإسلامي في الحكم ، من دون نتائج إيجابية تذكر.

المجلة قابلت الخيّون في لندن وكان هذا الحوار.

**"<u>المجلة</u>": في مقابلة سابقة لك قبل عام، تحدثت عن بدء تراجع الإسلام السياسي، فهل تم هذا اليوم؟**

- بالنسبة لتراجع الأُصوليات ، يؤخذ الأمر ضمن تقييم الإسلام السياسي بشكل عام. بطبيعة الحال ، الإسلام السياسي في المعارضة غيره في السلطة. ليس الإسلام السياسي فقط ، انما

الأحزاب والحركات الثورية كافة بما فيها التي مررنا على قراءتها في التاريخ: ثورة الزنج والقرامطة والبابكية أو الزيدية ، هذه كلها كانت ترفع شعارات ثورية. وعلى العموم أن الإنسان الذي يعمل في المعارضة لمنافع الشعب ، أو من أجل الاستحواذ على السلطة ، أو من أجل التغيير ، سيحاول الظهور بمظهر جيد وأداء حسن بشكل جيد ، هذا أولاً ، وثانياً: السلطة فاسدة ، ليس بالنسبة للثوريين فقط ، بل أيضا للديمقراطيين المؤمنين بتداول السلطة والوصول إليها عبر الانتخابات ، عندما يقبع في السلطة أكثر مما يلزم سوف ينسج حوله "**شرنقة**" كبيرة ، عبارة عن شبكة من الأعوان الفاسدين ، وواحدة من أهم أسباب تراجع الإسلام السياسي هو تجريب السلطة وإدارة دفتها بما لم يُحقق شعاره: "**الإسلام هو الحل**" ، فظهر فاسداً لا يختلف عن فساد الآخرين بعد زوال قدسية الشعار عندما كان يرفعه في المعارضة.

الإسلام الأُصولي ، لولا تجاربه في السلطة ، كان من الممكن أن يبقى متوقداً جذاباً. كان الناس يأملونه ، بعد أن فشلت التجارب السياسية الأخرى ، منها القومية ومنها الاشتراكية اليسارية ، فشلت بشكل عام ، فصار الأمل في تطبيق الإسلام ، وطبعاً الإسلاميون يقولون دائماً إن الإسلام هو الحل أو المنقذ ، وهو مغلف بالقدسية.

**"المجلة": برأيك هل تم تجريب الحل الإسلامي ؟**

- نحن نتحدث عن المقدس. نقول الإسلام هو الحل ومعنى ذلك انها ستكون "**دولة الله**" سبحانه ، ومن أسماء الله الحسنى هو العدل ، لكن المشكلة ، من هو الذي يمثل الله تعالى؟ هذا هو السؤال. الإسلام السياسي قدم الإسلام هو الحل كأن الله هو الذي يدير السلطة ، مما يجعل ممن يديرون السلطة فوق الخطأ وفوق الظلم. تم تجريب الإسلام السياسي في أماكن عدة من البلدان العربية وغير العربية. في افغانستان ، كان المد الثوري والجهادي ، نقول الجهادي فهم لا يسمونه الثوري ، فقد كان المطلوب تحرير البلاد من الاحتلال السوفياتي. ولكن في اللحظة التي تم فيها هذا التحرير ، بمعونة أميركية علنية لأن العدو كان مشتركاً ، بدأ الصراع بين التيارات الدينية السياسية نفسها. من هو الضحية؟ الضحية هو الانسان الأفغاني. بدأوا يحكمون بما لا يجيزه الله ، وأول ما يبدأ الإسلام السياسي بتجربته هو إعلان ممارسته ضد المرأة في شؤون التعليم ومنع الاختلاط في المجتمع ، وإذا لم تختلط المرأة في المجتمع ، كيف لها المساهمة فيه؟ إلى أين قاد الفعل أفغانستان؟ قادها إلى مجيء طالبان ، التي جاءت ومنعت حتى اللعب بطائرة الورق ، بعد أن صارت الطائرة الورقية لعبة الشيطان ، فما بالك بنشاط المرأة ، غير الإسلامي ، أو السينما أو الأمور الاجتماعية والفنية الأخرى. هذه تجربة سقطت.

نأتي إلى تجربة إيران حيث كان الكل في اتفاق على إسقاط شاه إيران. كان الحديث عن جهاز السافاك ، وأن عائلة الشاه كانت محتكرة للسلطة وللثروة ، تعاطف الناس مع هذه الشعارات ووجدت ضالتها في الإمام الخميني. والخميني كان يتكلم بالعدالة ، ويتكلم ضد الديكتاتورية ، وضد احتكار السلطة ، ولكن ، ما أن أمسك هو بالسلطة حتى غابت القوى التي كانت تدعمه من الليبراليين ، فكانت النتيجة أن ظهر العنف الثوري ضد السلطة الجديدة ، وتبنت ذلك منظمات كانت مساهمة في الثورة وأهمها منظمة مجاهدي خلق المُعارضة الآن.

**"<u>المجلة</u>": لكن هناك من يعتقد أن الخميني هو من قام بتغييب هذه القوى.**

- بالطبع ، عندما نقول غابت ، نعني أنه وجهاز سلطته الجديد من قام بتغييبها ، لأنه انفرد بالسلطة ، وهذا باقتراح وبتضامن بين رجال الدين ، وصلت إيران من فبراير 1979 إلى فبراير 2011 ، أي 32 سنة ، من ولد يوم قيام الثورة أصبح اليوم رجلاً ، أكمل دراسته وتزوج ، هناك ممن عمره اثنين وثلاثين عاماً ، اليوم بإيران ، لم يرتد عن الثورة فقط ، بل ارتد عن الدين ، هناك أُناس – بسبب التطبيقات الإسلامية– وصل فيهم الحال إلى الابتعاد عن الدين والدولة الدينية.

هكذا فشلت أكبر تجربة حكم قام بها الإسلام السياسي المعاصر، بإسناد من الاخوان المسلمين، وأنا واثق من أنه لو استلم الاخوان المسلمون الحكم في مصر، لصار تحالفا بين إيران ومصر، لأن المذهبية هي سياسية بالدرجة الأولى. تعاني إيران اليوم من تراجع في الاقتصاد، تراجع في الفن، تراجع في كل ناحية، لهذا هي تنتظر ثورة جديدة، دستورية أو شعبية، الوضع بإيران الآن متدهور.

**"المجلة": اسمح لي بالمقاطعة هنا، لكن التحالف الشيعي السُّني لم يحصل بين إيران وافغانستان حيث نشأت عداوة بين البلدين اثناء حكم الطالبان.**

- هذه العداوة التي تتحدث عنها هي نموذج مختلف عن الإخوان المسلمين. نموذج طالبان فيه سلفية صارخة، وهذه السلفية الصارخة تكفر المذهب الشيعي. عند الاخوان المسلمين يختلف هذا الموضوع إذ أن هؤلاء أكثر اعتدالا مقارنة بتطرف الطالبان. ولكن مع ذلك، لم تكن إيران سلبية بالنسبة لطالبان، بدليل أن إيران لم تكن سلبية حتى تجاه من هو أكثر تطرفاً من طالبان، أي بن لادن، وأخبار كثيرة تناقلت من أن أبا مصعب الزرقاوي، وهو الأكثر تطرفا من طالبان وحتى من بن لادن نفسه، دخل العراق عن طريق إيران.

النموذج الآخر بالنسبة للإسلام السياسي هو نموذج العراق حيث الأحزاب الشيعية والحزب الإسلامي ، الذي يمثل السُّنة ، كانوا يطرحون شعارات ضد الديكتاتورية ، وشعارات من أجل الديمقراطية ، ودعوا إلى تحرير المجتمع. لقد تم تحرير المجتمع من الديكتاتورية بيد أميركا ، وليس بأيديهم ، ولكن الآن ، عندما استقروا الى حد ما في السلطة ، بدأت تطبيقات الإسلام السياسي ، وهي أسلمة المجتمع ، أي إعلان محافظات عراقية على أنها إسلامية عن طريق منع المهرجانات الموسيقية وتحريم الغناء. أما كل وزارة يتوزر فيها وزير إسلامي ، تتحول إلى حسينية.

وهنا يجدر التنويه: إن الإخوان المسلمين في العراق اختلف اداؤهم عن الاخوان في مصر والأردن ، فعمدوا إلى ممارسة مغايرة تجاه أميركا والاحتلال ، وهم الآن يتبنون موقفا مستقلاً ، إلى حد ما ، ولكنهم لا يعترضون على أسلمة المجتمع ، ومعلوم أن أسلمة المجتمع تعني ديكتاتورية قبل كل شيء ، فهي حالة فرض ومصادرة للحريات ، فما هو وجه الديمقراطية ، أهي دورات انتخابية في ما بينهم مثلما هو الحال بإيران.

كل هذا يدل على أن الأُصوليات في تراجع ، والمؤشر الكبير هو ما أسفرت عنه الانتخابات العراقية الأخيرة من تراجع في أصوات الإسلام السياسي عما كان عليه العام 2005. هذا سببه الأداء الخاطئ في السلطة. الشيء نفسه حصل مع الإخوان

المسلمين بمصر حيث تراجعوا ، مع أخذ التلاعب في الانتخابات بعين الاعتبار ، لكن المؤشرات تقول إن هناك تراجعاً ، لكن السلطة الاستبدادية بمصر قد أعطت بتلاعبها في الانتخابات شحنة من الجاذبية للإخوان ، وذلك عندما قدمتهم ضحية لتلاعبها. هناك تجارب مريعة حصلت مع الإسلام السياسي ، في ما ذكرنا وفي ما لم نذكر. وشخصياً يصعب عليَّ الفصل بين تجربة الانتحاريين أو السلفيين والإسلام السياسي بشكل عام ، فهي علاقة الولد بالوالد مع اختلاف الرؤى مرحلياً.

**"المجلة": برأيك هل يأخذ الناخبون في العراق تجربة إيران أو مصر بعين الاعتبار عند إدلائهم بأصواتهم ؟**

- يجب أن يكون هناك فصل بين الدين والسلطة أو الدولة. ما يقع على عاتق الدولة يبدأ من تنظيف الشوارع إلى البناء والعناية بصحة المواطن وإصلاح المزارع ، والخدمات بشكل عام ، مسؤولية الدولة توفير الدواء والكهرباء والماء ، لا مسؤوليتها تعليم الناس كيف يصلون وماذا يلبسون وماذا عليهم أن يسمعوا أغناء أم نصوص دينية؟. كذلك لا شغل للدين في تلك الأمور ، شغله عبادة الله والتوجيه نحو الاخلاق العامة ، ليس في الدين سلطة.

**"المجلة": لفتني حديث سابق لك عن التداول بين العمامة والطربوش، على غرار كتاب الأكاديمي العراقي فالح عبد**

الجبار بعنوان "العمامة والأفندي". هل تعتبر اليوم أن العراق في مرحلة العمامة، أو أنه يعيش تحت سلطة الطربوش؟

- دعني أوضح لك خلفية هذه المقارنة. عندما جاءت جمعية الاتحاد والترقي التركية، قبل أكثر من مائة عام، تقدمت بأجندة جديدة مفادها أنه قبل 500 سنة أو 600 سنة والعثمانيون يجمعون بين الدين والسلطة، والخليفة العثماني كان يجمع بيده السلطة الدينية والسلطة المدنية، يعني العمامة هي السلطة، والعمامة هي لباس الدين، أما الاتحاد والترقي، فقاموا بتحريم لبس العمامة، ومحاولة الفصل بين سلطة الدين وسلطة الدنيا، أي علمانية إن صح التوصيف، من دون إعلان، مثلما فعل بعدهم أتاتورك، منذ 1924.

حينها كان الشاعر والكاتب العراقي معروف الرصافي بتركيا عضواً في مجلس البرلمان (المبعوثان)، وكان اعتمار العمائم قد حُرم، بل أخذت السلطة الجديدة تُطارد أصحاب العمائم، فلما رآه أحد أصدقائه مرتديا العمامة، نبهه إلى خطر الخروج وهو معتمرها، وهنا يروي الرصافي إنه دخل إلى دكان: وارتدى ملابس الأفندية وترك عمامته في المقهى، ومنذ ذلك الحين لم يعد إليها، ومات وهو يعتمر الطربوش.

الآن سؤالك وجيه، بإيران، سيحصل هذا، فقد أخذ سائق التاكسي لا يقف لصاحب العمامة لأنه يعتبر العمامة رمزاً للسلطة،

وإن وقف له تعمد إلى رفع صوت المسجل أو الراديو بالغناء والموسيقى ، وبما يتظاهر رجل الدين أنه ضده (الموبيقات) على حد زعمهم ، سواء كان رجل الدين ، طالب التاكسي ، مع السلطة أم ضدها ، فيكفي أن لباسه يرمز لها.

"المجلة": **يعني إنك تعتبر أن الوضع الأُصولي في العراق في تراجع ؟**

- طبعاً. ولكنك قد تسألني عما نراه بالعراق ، وما تبقى يحتاج زمناً لزواله. الأحزاب الإسلامية بالعراق ، إذا لم تعدل في ادائها ، وإذا لم تغيّر في اجنداتها ، وتتخلص من شموليتها ، وتتخلص من الحاكمية ، اي حاكمية سيد قطب والمودودي ، سيأتي عليها الدور الذي أتى على العمامة بتركيا والقادم ما قد سيحصل بإيران.

"المجلة": **لكن هناك من يعتبر ان تركيا تعود باتجاه العمامة.**

- هذه نظرة تشاؤمية. أعتقد إن الحزب الإسلامي في تركيا (الرفاه) هو الذي انسحب إلى المواقف العلمانية. قد يقولون هذا تكتيك يستخدمه الحزب الإسلامي ليصل إلى قوة تمكنّه من أسلمة المجتمع ، يصعب التسليم بهذا التكهن ، ذلك لأن المجتمع التركي قطع مسافة طويلة في العلمانية وممارسة الديمقراطية ،

والأسلمة مخالفة للديمقراطية تماماً، والسعي إليها ليس في مصلحة الحزب نفسه، حزب الرفاه.

**"المجلة": عندما تتحدث عن تغيير داخل الأحزاب وكأننا نعتبر أن هذه الأحزاب هي خارج الثقافة العامة!**

- عندما أقول إن الأحزاب يجب أن تتغير، فكل حزب اسمه يدل عليه، ولا بد من تغييره بأسماء دالة على الوطن والشأن العام، كذلك يشمل التغيير النظام الداخلي والبرنامج، فما معنى الدعوة، سوى هناك ضالين يتوجب دعوتهم إلى الهدى، وبما أنه حزب شيعي فهو مقتصر على الطائفة. وما معنى الحزب الإسلامي، ببساطة معناه هناك غير مسلمين، وهو حزب مقتصر على الطائفة السُّنية. ولو يعرف أهل الحزبين أن الطائفية ممدوحة لأعلنوا في نظامهم الداخلي وبرامجهم أنهم أحزاب لطوائف لا للوطن، لكنهم يعلمون أنها مذمومة ملعونة لذا لم يصرحوا بالانتماء الطائفي. على أي حال إنها أحزاب تفرق لا تجمع.

**"المجلة": ولكن إن أخذنا الحزب الديمقراطي الكردستاني، مثلا، لرأينا ان السيد مسعود البرزاني على رأسه منذ عقود، على الرغم من أن اسمه ديمقراطي.**

- لا يهم، ولكن اليوم، خرج علينا حزب التغيير، نوشروان، وهذا اكتسح الساحة، وبرز في فترة قصيرة جدا، وفاز بواحد وعشرين مقعداً في البرلمان. أعني بموضوع الاسم أننا عندما

نقول حزب الدعوة الإسلامية ، نعني به دعوة إلى أين؟ الكل مسلمون. عندما تقول بدر ، يعني أن الآخرين كفار. لذا المطلوب من هذه الأحزاب تغيير البرنامج والتحول إلى أحزاب مدنية تتقيد بتدين معين ، ولكل حزب طريقته ، ولكن على شرط ألا تفرض هذا التدين على المجتمع ، مع مراعاة قوانين عامة في الدستور. وضعوا في الدستور ما يمكنهم التلاعب به ، وهو المادة التي لا تجيز سن قوانين ضد الإسلام في مقابل عدم جواز سن ما هو ضد الديمقراطية. والسؤال: متى سُنت قوانين ضد الإسلام.

في العراق ، القانون الوحيد الذي قد يعتبره البعض ضد الإسلام هو قانون الأحوال الشخصية (188 لسنة 1959)، وهو يتضمن موضوع الزواج المدني وإلغاء التمييز في الإرث بين الذكور والإناث ، هذا القانون أيضا إذا أردت أن تفسره ، فهو ليس ضد الإسلام. حسب التفسير ، هذا المبدأ هو وصية من الله ، وليس قانوناً ، بل هناك اجتهادات في المذاهب بشأن الإرث. ثانياً ، إذا لم تتطور الشريعة الإسلامية مع التطور الاجتماعي ، تصبح عائقاً. خذ مثالاً عندما نقول الرجال قوامون على النساء ، لكن دعنا نكمل الآية التي تقول: بما انفقوا ، طيب ماذا يحصل في عائلة فيها المرأة هي التي تنفق على العائلة؟ أو مثلاً إذا كان الرجل عاطلا عن العمل فيما قامت اخته بمساعدة والدهما بجمع ثروته ، كيف يحق

للابن مشاركة هذه الثروة بعد وفاة الأب وله النصف وللأخت الربع ؟

**"<u>المجلة</u>": لنضع التيار الصدري في العراق في إطار الحركات الإسلامية وهو لا يبدو لنا انه تراجع في الانتخابات اذ توسعت كتلته ومعظم اعضائه من الشباب. ما رأيك في ذلك ؟**

- التيار الصدري استفاد من وضع العراق بشكل عام. بسبب الحصار والحروب ، محمد محمد صادق الصدر (والد مقتدى) تحول إلى ظاهرة لأن العراقيين كانوا يبحثون عن أي صوت يعارض السلطة فالتفوا حوله ، لذلك استفاد مقتدى من سمعة أبيه ، في الاثناء كان هناك تدهور في الوضع العقلي للناس بحيث أنه بين الحين والآخر كان يظهر على الناس من يعلن نفسه أنه المهدي.

التيار الصدري تطوَّر واطلق على كتلته البرلمانية اسم كتلة "**الأحرار**" ، ولو تطالع نظامها الداخلي لترى إنه خال من أي أسلمة أو شروط دينية. كل ما فيه هو أن يبلغ الطالب للانتساب عمر 18 عاماً ، وأن لا يكون محكوماً بجنحة جنائية أو اخلاقية ، هذا الشرط موجود في الحزب الشيوعي العراقي مثلاً. قصدي هنا أن التيار لا يقدم نفسه على أنه إسلامي. كذلك علينا ألا ننكر أن التيار استفاد من دعم إيراني كبير كان موجهاً أصلاً للقوى التقليدية ، مثل المجلس الأعلى الإسلامي ، وحزب الدعوة ، لكن كان هناك شعور

أن إيران تبحث عن دور أكبر لم يكن بمقدرة الأتباع أو الحلفاء التقليديين ، وهناك كثير من الكلام يدور بأن محمد باقر الحكيم تم قتله (2003) برضا إيراني ، إن لم يكن بيد إيرانية. لماذا هذا التكهن ؟ لأن هذا الرجل أول ما عاد إلى العراق قادماً من المنفى الإيراني أعلن أموراً عراقية واضحة ، ليس مع دولة دينية بالعراق على الرغم من أنه رجل دين ، كما قال إنه سيحيل الأمور الدينية على المرجعية ، حتى عندما تحدث عن حجاب النساء ، قال نحن رجال دين لا نحجب النساء بالقوة ، بل ننصح ، وهذا ما نقدر عليه. وقال إنه مع دولة مدنية ، وإنه لن يطرح الفيدرالية.

ما أظنه أن السيد محمد باقر الحكيم شعر بنفسه أنه كيان لا يمكن ان تتلاعب به اليد الإيرانية ، ذلك كان ممكناً اثناء وجوده في إيران تحت الهيمنة الإيرانية ، ولكنه عندما عاد ورأى الجماهير التي استقبلته ، شعر بالاستقلالية ، وتحدث بكلام عراقي. ليس كل ما تريده إيران من المجلس او حزب الدعوة ينفذانه ، ولكن يمكن لقوى أخرى مثل عصائب أهل الحق بقيادة الشيخ الصدري قيس الخزعلي ، وهي انشقاق عن التيار الصدري ، ان تنفذ كل المطالب الإيرانية ، بما فيها استخدام القوة والعنف في المجتمع العراقي.

"المجلة": ولكن عصائب الحق لا تتمتع بثقل شعبي يذكر.

- الموضوع لا يتعلق بالثقل الشعبي ، بل عندما تكون عصابة بيدها سلاح ، فتش عن التنفيذ ، هذه العصابات بإمكانها أن تنفذ ، أي قوة تخريبية فعلها القتل والخطف ، مع رفع شعار: "كلا كلا أميركا". وعلاقة عصائب الحق مع إيران واضحة وكشفتها حوادث عدة. لذا ، إنه لو تراجعت اليد الإيرانية عن التيار الصدري ، فمن الممكن أن يتحول إلى تيار ليبرالي بحدود معينة ، فهو يضم أطباء ومهندسين وحتى مثقفين.

من ناحية أخرى ، التيار الصدري غير ملوث بمساوئ المعارضة السابقة ، وهذه كانت عبارة عن انبطاحات مختلفة لباقي الدول ، وهو بعيد عن هذه المسألة ، وممكن ، كما تفضلت أنه مملوء بمجموعات شبابية ، مما يمكنه من التحول إلى تيار حداثي ، وهو لا توجد إشارة للأسلمة في عنوانه ، كذلك أبعد اسم الصدر عن عنوان كتلة الأحرار نفسها ، وهي كتلة التيار البرلمانية.

**"المجلة": ختاماً ما رأيك في ما يحصل للمسيحيين في العراق، وكيف تضع هذا في سياق رؤيتك عن تراجع الأُصولية؟**

- عندما نتحدث عن تراجع الأصولية نتحدث عن تيارات كبرى ، أما التعدي على المسيحيين ، فممكن أن تقوم به عصابات صغيرة مؤلفة من خمسة أو ستة أفراد. الإسلاميون ممن يتعرضون للمسيحيين في العراق هم بعيدون عن التاريخ العراقي كثيراً ، وتحت السلطة المسلمة ، زمن الخلافة العباسية وما بعدها ، مر

التعايش المسلم المسيحي بامتحانات كثيرة عبر القرون ، ولم يسبق أن هجمت قرية مسلمة على قرية مسيحية ، ولا يمكن هنا أن نأخذ مسألة الأرمن والأتراك العثمانيين ، في التاريخ مثالاً لأن تلك القضية كانت قومية بحتة لا دينية.([14]) **حوار أجراه: حسين عبد الحسين.**

---

([14]) رشيد الخيون: الإسلام السياسي في تراجع والأحزاب الإسلامية التي أظهرت بعض الانتصارات في الانتخابات البرلمانية في دولها إنما فعلت ذلك لأنها قدمت برامج وطنية – موقع مركز الدين والسياسة للدراسات – نقلاً عن مجلة المجلة اللندنية – 3/ 2/ 2011 – حوار أجراه: حسين عبد الحسين – الرابط:

http://www.rpcst.com/news.php?action=show&id=2096

## ايران والإسلام السياسي في "أنثروبولوجيات الإسلام"

يقدم لنا لكاتب الدكتور شاكر النابلسي كتاباً جديداً للعلامة العراقي الأستاذ سامي زبيدة والذي يتناول فيه موضوع الإسلام السياسي في نموذجه الإيراني ومقارنة مع النموذج العربي.

-1-

البروفيسور سامي زبيدة، عالم اجتماع، ومؤلف عراقي، عمل أستاذًا لعلم الاجتماع السياسي في كلية بيركبك، (جامعة لندن). وكتب عددًا مهماً من المؤلفات، التي غطت مواضيع الدين، والإثنية، والقومية، والثقافة، والسياسة، في الشرق الأوسط. كما كتب أيضاً عن الغذاء "**طعم الزعتر: ثقافات الطبخ من الشرق الأوسط**"، والثقافة "**الثقافة الشعبية والحياة الاجتماعية في الشرق الأوسط**". ومن مؤلفاته عن الإسلام: "**أنثروبولوجيات الإسلام**"، و"**الإسلام: الدولة والمجتمع**"، و"**القانون والقوة في العالم الإسلامي**"، و"**ما وراء الإسلام: فهم جديد للشرق الأوسط**". وكتب كذلك في مجال علم الاجتماع السياسي: "**العرق والتمييز العنصري في العراق**"، و"**الأفكار والحركات السياسية في الشرق الأوسط**"، وغيرها.

والبروفيسور سامي زبيدة ، أستاذ لكثير من علماء الاجتماع العرب المعاصرين والبارزين ، وعلى رأسهم عالم الاجتماع العراقي فالح عبد الجبار ، الذي قدم لنا عدة أبحاث مفيدة في علم الاجتماع السياسي ، منها: **"العمامة والأفندي"** ، و**"الإثنية والدولة"** ، إضافة لرئاسته لـ **"معهد الدراسات الاستراتيجية"** في بيروت وبغداد ، والذي قدم لنا من خلاله دراسات اجتماعية وسياسية مهمة ، كان أبرزها كتاب الباحث العراقي زهير الجزائري: **"المستبد: صناعة قائد، صناعة شعب"**.

-2-

نشر البروفيسور سامي زبيدة ، مؤخراً كتابه: **"انثروبولوجيات الإسلام: مناقشة ونقد لأفكار إرنست غلنر"**. وإرنست غلنر مستشرق بريطاني معروف بدراساته وأبحاثه الاستشراقية حول الإسلام ، والعرب قبل الإسلام ، وبعد الإسلام. وتمَّ نشر هذا الكتاب: **"انثروبولوجيات الإسلام: مناقشة ونقد لأفكار إرنست غلنر"** عن دار الساقي في بيروت ولندن ، ضمن سلسلة **"بحوث اجتماعية"**.

ولكن هذه الدار التي تعتبر من أكبر دور النشر العربية ، لم تُشر من قريب أو بعيد إلى السيرة الذاتية المختصرة للبروفيسور سامي زبيدة ، ولم تقدم لنا ولو بسطور معدودة شرحاً له ولأعماله كما تفعل مثلاً سلسلة **"عالم المعرفة"** الكويتية المعروفة. و**"دار**

**الساقي**" تفترض ، أن قراء كتبها يعرفون من هو سامي زبيدة ، أو غيره من كتابها ، وهي واهمة ، ومخطئة ، ومقصرة ، في ذلك كل الوهم ، والخطأ ، والتقصير.

- 3 -

يطرق البروفيسور سامي زبيدة في كتابه "**انثروبولوجيات الإسلام**" موضوعاً من موضوعات الساعة ، رغم أنه كتبَ ونشرَ هذا الكتاب عام 1997 ، وهو "**إيران والإسلام السياسي في "انثروبولجيات الإسلام"**"، حيث يناقش طروحات المستشرق البريطاني إرنست غلنر ، الذي يحاول "**صياغة الإسلام الحديث في قالب فيبري [نسبة إلى عالم الاجتماع الألماني فيبر Weber] من الطهرانية العقلانية الملائمة للحداثة. وفي الحقيقة هناك مؤسسات وقطاعات اقتصادية كثيرة في غالبية بلدان الشرق الأوسط ، تدعي أنها ذات هوية إسلامية**".

فهل هذه القطاعات إسلامية حقاً ؟

-4-

ويأتي سامي زبيدة بمثال من إيران ، ويقرر أن إيران ليست تنويعاً على نموذج عام للمجتمع الإسلامي. ولكن ادعاءات إيران الإسلامية مهمة في مغزاها لسياسة المنطقة. وهي من هذه الناحية كبيرة الشبه بروسيا ما بعد الثورة البلشفية 1917. ومن الملاحظ أن

"الإسلام السياسي" الإيراني لم يكن النموذج الإسلامي الأمثل للآخرين في التنظيم السياسي، أو في الإيديولوجيا الدينية/ السياسية. فالملالي الإيرانيون (وهم من رجال الدين) قاموا في إيران بدور ثانوي، وتابع في إلهام الحركات الثورية الإسلامية وتنظيمها السياسي، في العالم العربي، وتركيا. في حين قام حسن البنا، وسيّد قطب، والشيخ كشك في مصر، بدور أكثر تأثيراً، رغم أنهم لم ينبثقوا عن المؤسسة الدينية، كما هو حال رجال الدين الإيرانيين.

وقد لاحظ البروفيسور سامي زبيدة، أن بعض رجال الدين في العالم العربي، لا يلتحقون بالركب الآن، إلا مع صعود تيار "الإسلام السياسي". و هو ما نشاهده الآن في تونس، ومصر، وليبيا، وسوريا، والعراق، واليمن، وغيرها، من البلدان العربية. وكان البروفيسور سامي زبيدة قد قال من قبل (1993) وقبل قيام الثورات العربية في نهاية 2010 وبداية 2011، وحلول "الربيع العربي" من أن "الإسلام السياسي" قد أصبح مصطلحاً سائداً، في سياسة منطقة الشرق الأوسط وثقافتها. وأكد أنه يجري التعبير عن كثير من المصالح، والأفكار، والمشاعر، والتطلعات المختلفة، من هذا المنظار.

وانتهى البروفيسور سامي زبيدة إلى نتيجة في العام 1993، مفادها أن "الإسلام السياسي"، قد حلَّ محل القومية،

والاشتراكية (الناصرية) السابقة. وهو بصفته هذه ، لا يمثل إيديولوجيا موحدة ، أو نظرة متكاملة الى العالم ، بل يعبر عن عدة نظرات مختلفة. ومن هنا رأينا "**الإسلام السياسي**" التونسي ، يختلف عن "**الإسلام السياسي**" المصري ، وعن الليبي ، والسوري ، واليمني ، والعراقي.. الخ.

-5-

لقد لاحظ البروفيسور سامي زبيدة ، أنه في ضوء الشعارات الإسلامية السائدة (1993) أن دستور الجمهورية الإسلامية الإيرانية ليس القرآن الكريم ، ولا الشريعة الإسلامية. – كما أصبح الحال نفسه في تونس الآن ، وسيكون الأمر كذلك في مصر فيما بعد – وهو دستور يمنح الشريعة سلطتها ، بإعلانها مصدر التشريع. وأن الدستور الإيراني ينصُ على برلمان مُنتَخَب بالاقتراع العام ، يكون مسؤولاً عن التشريع. وهذا يعني الإقرار بوجود تشريع بشري موضوع ، إلى جانب التشريع الإلهي ، شريطة عدم تجاوز التشريع الإلهي ، أو التناقض معه. و بما أن الشريعة ليست مُقنَنَة في لوائح معينة ، وأن ممارستها ترتكز إلى الرأي والتقدير ، فإن مهمة التشريع تصبح صعبة ، ومجالاً لكثير من المناورات السياسية.

-6-

يحاول البروفيسور سامي زبيدة ، تحليل ثورة الخميني و"**الإسلام السياسي**" الذي جاء به عام 1979 ، ويقرر التالي:

1 – إن الخميني ، لم ينجح في مركزة المرجعية الدينية.

2 – إن المذهب الشيعي التقليدي ، الذي يستند إلى المجتهدين (رجال الدين) ، قد تخطى الحكم الخميني.

3 – اعترفت قطاعات إيرانية واسعة ، للخميني بالمرجعية العليا ، ولكن تم هذا خارج إيران (العراق ، ولبنان ، والهند ، وباكستان ، وغيرها). أما شيعة خارج العراق ، فقد دانوا بالولاء لغير الخميني كآية الله الخوئي (العراقي) ، الذي عارض الخمينية ، ونادى بفصل الدين عن السياسة ، واستبعاد "الملالي" من الحكم ، والسلطة.

4 – اختفت قدسية الحكومة الإسلامية برحيل الخميني. (كما اختفت قدسية اشتراكية عبد الناصر بعد رحيله) مؤكدة مرة أخرى على الأسس الشخصية للسلطة. وأن سلطة الخميني ، كانت مصدر السلطة الدينية والوصية على القانون ، من الناحية النظرية ، ولكن ليس لها سلطة دينية في الممارسة ، وعلى أرض الواقع. وكانت الحكومة الإسلامية في عهد الخميني ، تبدو كحكومة كباقي حكومات العالم. وما يميزها عن الحكومات الأخرى في العالم ، أن على رأسها رجال دين (الملالي).

5 – إذن ، ثورة الخميني ، فشلت في نشر "الإسلام السياسي" خارج إيران ، وتصدير الثورة ، في حين نجح حسن البنا – وبدون ثورة سياسية ضد الملك فؤاد ، أو ضد الملك فاروق –

في نشر "الإسلام السياسي"، خارج مصر، كما نلاحظ الآن في الأردن، والمغرب العربي، وسوريا، وفلسطين، وبعض دول الخليج.(<sup>15</sup>)

---

(<sup>15</sup>) إيران والإسلام السياسي في "أنثروبولوجيات الإسلام" — مقال — د. شاكر النابلسي — الموقع العربي لصوت ألمانيا (دويتش فيله) — 27/ 7/ 2012 — الرابط:

http://www.dw.de/%D8%A5%D9%8A%D8%B1%D8%A7%D9%86-
%D9%88%D8%A7%D9%84%D8%A5%D8%B3%D9%84%D8%A7%
D9%85-
%D8%A7%D9%84%D8%B3%D9%8A%D8%A7%D8%B3%D9%8A-
%D9%81%D9%8A-
%D8%A7%D9%86%D8%AB%D8%B1%D9%88%D8%A8%D9%88
%D9%84%D9%88%D8%AC%D9%8A%D8%A7%D8%AA-
%D8%A7%D9%84%D8%A5%D8%B3%D9%84%D8%A7%D9%85/a
-16128249

## فالح عبد الجبار في "العمامة والأفندي"

## مقاربات النموذج الطائفي في الدولة القومية

### نظام مارديني

يعتبر هذا الكتاب الموسوم "العمامة والأفندي" للباحث العراقي فالح عبد الجبار محاولة لفهم العلاقة بين المقدس والدنيوي في مناشئ حركات الاحتجاج الدينية في العراق، بمقارنة، مضمرة في الأغلب، مع إيران، اعتماداً على الأدوات النظرية لسوسيولوجيا الدين، وعلى مناهج البحث الأكاديمية.

ويرى الباحث في كتابه القيّم هذا، إن هناك ثمة ثلاث مقاربات متمايزة يجب التطرق إليها، في الأدبيات المتعلقة بالمذهب الشيعي، والحركة الإسلامية الشيعية في العراق: المقاربة الطائفية، والمقاربة الجوهرية – الثقافية، والمقاربة البنيوية – الظرفية.

تتمحور المفاهيم الأساسية للنموذج الطائفي حول ثنائية الجماعة (الطائفة) مقابل المجتمع ( gemeinschaft /gesellschaft) التي ترى أن هناك دولة تسيطر عليها أقلية سنية مقابل جماعة مضطهدة هي الأغلبية الشيعية. وفي هذا السياق،

ينظر إلى النضالية الإسلامية في صفوف الشيعة على أساس أنها تعبير عن الشعور بالمظالم الناجمة عن هذه الثنائية المتوترة، ويلتزم الكثير من المؤلفين بهذه المقاربة أو يشاركونها في بعض من جوانبها (بارام، بنجيو، لويزارد Luizard، فرهاد، وإلى حد أقل إسحاق نقاش). وفي معظم الحالات يصور المذهب الشيعي ومجتمع الشيعة والحركات الإسلامية الشيعية وكأنهم يمثلون الشيء نفسه تقريباً، أو كأنهم جميعاً يشكلون فئة سوسيولوجية واحدة: كياناً اجتماعياً – ثقافياً متجانساً، صوانياً. ومن شأن هذه المقاربات أن تضفي جوهراً ثابتاً على الفضاءات والبنى الجمعية والهوية (أو الهويات) التي تنتجها، وكأنها حبُيت باتجاه واحدي اجتماعي أو سياسي، وكأن الثقافة الدينية في حد ذاتها تخلق فضاءً موحداً ذا طبيعة اجتماعية وسياسية متجانسة في ظل أي ظرف.

إن تحليل الحركة السياسية الإسلامية الشيعية في العراق يشكل حالة معقدة، وذلك على ضوء حقيقتين: أولاهما حركية وانتشار النزعة الإسلامية والأصولية الشيعية والسنية في الشرق الأوسط منذ أوائل سبعينات القرن العشرين، وثانيهما الصعود المصاحب الموازي للحراك الطائفي في المجتمعات المتعددة الطوائف.

إن الحراك الديني النضالي في مصر وإيران والسودان والجزائر يمثل نموذجاً للإسلامية وللأصولية الحقتين. أما حالات الاحتجاج الشيعية في لبنان والسعودية (المنطقة الشرقية) وأفغانستان فهي أمثلة على الحراك الطائفي. ولقد أدى حصول الظاهرتين المتداخلتين في آن واحد، في بعض الأحيان، إلى تعتيم حقيقة أنهما حالتان متمايزتان في أصولهما واستراتيجيتهما في الأقل. أما تعقيد المثال العراقي وثراؤه فهما مستمدان من حقيقة أنه مزيج فريد لتينك الحالتين.

إن فهم الحالة العراقية للحراك السياسي النضالي الإسلامي الشيعي يستلزم تحليل طبيعة النزعة الإسلامية والأصولية من ناحية، وتحليل طبيعة تشكيل الدولة وبناء الأمة، في العراق، من الناحية الأخرى، وذلك لغرض رسم الحدود الفاصلة وتحديد معالم شتى أشكال النشاط السياسي الإسلامي الشيعي في العراق. وسنقوم في هذا الفصل بتحليل المراحل المتغيرة للنزعة الإسلامية وللأصولية عموماً، لننتقل بعدها إلى معاينة التطور الخاص بالدولة – القومية العراقية والمجتمع العراقي خصوصاً بقدر تعلقهما بالشيعة والحركات الإسلامية الشيعية.

إن تشكل الدولة – القومية العراقية وتطورهما هما السياق التأريخي الذي ظهرت فيه شتى أشكال الحراك السياسي الإسلامي الشيعي. ومثلما هي الحال في الكثير من بلدان العالم الثالث،

فإن الدولة – القومية العراقية كانت نتاجاً للحقبة الاستعمارية التي بدأت في أعقاب الحرب العالمية الأولى. وجاء تشكيل الدولة العراقية ، بعد اقتطاعها من أراضي (الرجل المريض) ، أي الأمبراطورية العثمانية ، من تجميع ثلاث ولايات: بغداد والبصرة والموصل.

وكانت هذه الرقعة العشوائية ، التي قرر حدودها وحماها البريطانيون ، تضم مزيجاً غير متجانس من المجموعات الإثنية والدينية والمذهبية ، ذوات الخصائص المتباينة بأقصى درجات التباين. وجاء "اختراع" هذه الدولة على يد القوة الاستعمارية من حيث تحديد نظام الحكم فيها (العاصمة ، العلم ، النظام الملكي ، والبيروقراطية) ، والتشريع والتمثيل (الدستور ، والبرلمان) ، وأنماط آليات السيطرة والدفاع (العسكر والشرطة) ، والبنى القانونية (القانون الأساسي وقوانين الجزاء ، مع منظومة المحاكم وترتيبات قضائية خاصة بالقبائل) ، وتعريف الجماعة الوطنية من حيث الجوانب القانونية والإقليمية (ترسيم الحدود ، وضع قوانين المواطنة) ، واستحداث نظام اقتصادي مركزي (العملة الوطنية ، تنظيم التجارة ، الضرائب) ، وتوحيد ومجانسة الثقافة الوطنية (النظام التعليمي ، الإذاعة ، الصحافة) ، وأخيراً من خلال إدخال الدولة الجديدة في حظيرة المنظومة العالمية للدول . القومية

(معاهدات مع دول مستقلة أخرى ، الانتداب ، عضوية "**عصبة الأمم**"). وبكلمة موجزة ، قامت بريطانيا ببناء دولة . قومية حديثة.

استناداً إلى التقليد الهيغلي ، تتولى الدولة الحديثة الأدوار الآتية بصفتها:

1 . هيئة تنبع من (ولكنها تعمل على ضبط) التناقضات المتأصلة القائمة بين شتى المجموعات المتنازعة والمصالح الفردية ضمن "مجتمع مدني".

2 . منظومة من المؤسسات (العرش والسلطتين التنفيذية والتشريعية) تديرها "**طبقة كلية**" (أي: الطبقات السياسية والبيروقراطية).

3 . تنظيماً لجماعة وطنية (قومية) معينة (أي: تمثل "**أمة**" معينة).

4 . عنصراً فاعلاً على النطاق العالمي (السيادة ، القانون الدولي ، تأريخ العالم).

لكن واقع الدولة — القومية العراقية يتناقض مع المفهوم الهيغلي. فقد قامت على مجتمع يغلب عليه العنصر البدوي الزراعي ويضم مدناً هشة شبه مستقلة تفتقر إلى "**المجتمع المدني**" أو التجانس الثقافي الوطني (أي: المؤسسات المتطورة للأسواق والشركات والنظام القضائي ، أو الفضاءات الثقافية الوطنية

الموحدة). وكان على هذه الدولة أن تنمو وتتطور لكي تقترب من مفهوم الدولة – القومية الحديثة. ولقد كان إدخال العراق في الأسواق العالمية والنظام العالمي للدول القومية إدخالاً قسرياً، وبالتالي جاء هشاً في بداياته. فكان أن أضفت الظروف التي تشكلت فيها وتطورت الدولة العراقية سمات خاصة على هذه الهيئة الشاملة والحديثة للحكم والسيادة. ولم تكن هذه السمات مقتصرة على العراق، بل كانت تميز الكثير من دول الشرق الأوسط.

إن الحركة الإسلامية الشيعية في العراق كانت ولا تزال وستبقى ظاهرة فريدة. فلقد تميزت مختلف فصائل الحركات الأصولية الإسلامية على امتداد رقعة الشرق الأوسط، بل حتى خارجه، بكونها إما حركات شعبوية أو وطنية أو اجتماعية تعبر عن الاحتجاج من جهة، أو كونها، من جهة أخرى، حركات فئوية تقف ضد التمييز المذهبي الذي يمارس ضد الجماعة. ولقد كانت الحالة العراقية مزيجاً من الاثنتين، الأمر الذي يجعلها تمثل نموذجاً جديداً فريداً في نوعه.

ضمن هذه الظروف مرت الحركة الإسلامية الشيعية بثلاث مراحل من التطور: فقد بدأت بصفة حركة أصولية تسعى إلى قيام إسلام كلي جامع في وجه إيديولوجيات علمانية غربية، أي السعي لإيجاد منظومة فكرية متقنة، تحتفظ بالمبادئ والعقائد القديمة

مع ما تمثلها من مصالح اجتماعية. وتحت تأثير نظام حكم الأخوين عارف السلطوي العسكرية ، والسني في معظمه ، غيرت الحركة مسارها باتجاه اتباع سياسة محلية قائمة على الاحتجاج ضد التمييز الممارس ضد الجماعة (الطائفة). فتكون بهذا قد تحولت إلى النموذج الثاني ، نموذج الخصوصية المذهبية. أما المرحلة الثالثة من التحول إلى الراديكالية فقد ظهرت إلى الوجود خلال الحكم الشمولي العلماني للبعث ، تحت تأثير الثورة الإيرانية ، وهي التي كانت تتويجاً لتحوُّل جذري في الثقافة السياسية في الشرق الأوسط ــ أي صعود النزعة الإسلامية الشعبوية. ولا شك في أن العنصرين السابقين (نموذج الإسلام الكلي الجامع والنموذج الخصوصي ــ المذهبي) لم يختفيا ، بل تداخلا بالحركة الجديدة مع إيديولوجيتها واستراتيجيتها الجديدتين.([16])

الكتاب: العمامة والأفندي سوسيولوجيا خطاب وحركات الاحتجاج الديني

الكاتب: فالح عبد الجبار

الترجمة: أمجد حسين

الناشر: منشورات الجمل

---

([16]) فالح عبد الجبار في "العمامة والأفندي: مقاربات النموذج الطائفي في الدولة القومية ــ نظام مارديني ــ جريدة المستقبل اللبنانية ــ 12 / 4 / 2010 ــ العدد 3621 ــ صفحة 20.

## إصدارات جديدة: العمامة والأفندي

## سوسيولوجيا خطاب وحركات الاحتجاج الديني

الكتاب: العمامة والأفندي

الكاتب: فالح عبد الجبار

ترجمة: أمجد حسين

الناشر: منشورات الجمل/ بيروت/ لبنان

عدد الصفحات: 590 صفحة من القطع الكبير

عرض: حيدر الجراح

شبكة النبأ:

حتى اللحظة الراهنة ، ليبيا تشذ عن المسارات التي قادت إليها حركات الاحتجاج العربي ، فالانتخابات الأولى التي جرت فيها بعد سقوط نظام معمر القذافي قادت إلى فوز العلمانيين وحلول الإسلاميين بمراتب متأخرة عنهم.

في تونس ، الدولة العلمانية شديدة التمترس خلف شعاراتها وقراراتها العلمانية ، منذ حكم بورقيبة وخليفته المطاح به زين العابدين بن علي توجهت إلى الاسلاميين وجعلتهم يتفوقون على غيرهم من حركات سياسية علمانية في انتخاباتها.

مصر أيضا ، بمجلسها العسكري وقراراته ، وبمشيخة الأزهر فيها ، الذي حاول أن يقف في منطقة وسطى بين ، مؤسسة تمثل جميع إخفاقات النظام السابق ، وحركة الإخوان المسلمين المتسيدة للشارع المصري ، مصر أيضاً اختارت توجهاً اسلامياً لحكمها الجديد بعد منافسة محتدمة بين من يمثل الإرث العسكري والسياسي القديم ، وبين من يمثل ما يعتقده جمهور الناخبين هو الأحق بقيادة مصر في مرحلتها الجديدة.

اليمن حافظت على شكلها المعتاد والمتعارف عليه ، بعد رحيل علي عبد الله صالح ، واحتفظت بشكل النظام القديم بتغيير في بعض الوجوه والأسماء ، مع صعود مسلح وعنيف لتنظيمات القاعدة والإسلام السلفي الذي لا يرضى إلا بتغيير راديكالي يطيح بالجميع.

سوريا وما يحدث فيها ، وقبل أي تغيير محتمل تهيء لصعود الإسلام السلفي فيها ، رغم وجود مجتمع مدني ومعارضة علمانية فيها منذ عقود طويلة ، إلا أن تطوُّر الصراع من تظاهرات سلمية إلى استخدام للسلاح والقوة العسكرية في هذا الصراع يكشف عن صعود لتيارات الإسلام السلفي الذي يتخوف الجميع منه ، وهو ما تكشفه جميع الأفلام الوثائقية التي تعرضها "العربية" و"الجزيرة" في تغطيتها للاحداث في سوريا ، وارتفاع صيحات الله أكبر ، وشعارات المتظاهرين وأسماء الحركات المسلحة.

ما الذي يعنيه ذلك ؟

صعود تلك الحركات هو وجه من وجوه الانسداد السياسي في تلك الدول ، الذي ترافق مع بناء الدولة الوطنية فيها بعد حقبة الخمسينات والستينات من القرن الماضي وتحوُّلها إلى انظمة عسكرية وبوليسية ، تنفق الكثير من أموال موازناتها على المعدات العسكرية متجاهلة البناء والتنمية ومشاكل الفقر والتوزيع العادل للثروات والدخول.

وهو أيضا انحدار يترافق مع هذا الصعود المتوقع وغير المفاجيء لهذه الحركات السياسية نتيجة لعملها في بيئات تحتاج إلى تقديم خدمات للسكان برعت فيه هذه الحركات ، لكن تلبية الحاجات المتنامية للسكان سيجعلها تقف أمام أسئلة كثيرة وكبيرة ستجد نفسها مضطرة للبحث عن إجابات لها من أجل بناء دولة مدنية ، لا تستطيع الشروع فيها أمام مرجعيات ليست مهيئة لمثل هذا التعاطي مع مقولات من مثل حقوق الإنسان أو حريات التعبير أو الديمقراطية أو الليبرالية الاقتصادية ، وهي ستجد نفسها مستقبلاً تنكفيء إلى الوراء لعدم تلبية المطالب الجديدة الناشئة والتي ستفرضها الكثير من المتغيرات.

هذا المآل سبق إليه العراق الاخرين ، فبعد العام 2003 شهدنا صعود تيارات الإسلام السياسي بشقيه الشيعي والسني ، متطرف ومعتدل ، نتيجة للانسداد السياسي وحكم الحزب الواحد

لطيلة أربعة عقود من تاريخ العراق ، لكن الفشل الذي رافق تلك الحركات في برامجها أخذ يتكشف عن تراجع لحضورها في الشارع العراقي ، وأصبح الجميع يلعن تلك الأحزاب والحركات السياسية ، وحتى رموزها وقادتها ، وأصبحت الارضية مهيأة لبروز تيارات علمانية وليبرالية ، ستطيح بالكثير من تلك الأحزاب والحركات والشخصيات عن مواقعها.

الحالة العراقية جديرة بالدراسة ، سواءً ما كان منها متعلقاً بالحاضر والمستقبل أو بالتاريخ القريب ، والذي قاد إلى تلك النتائج.

كتاب "**العمامة والأفندي**" محاولة للبحث في جذور عدد من الحركات السياسية العراقية الاسلامية التي تقود العمل السياسي العراقي حالياً ، ومحاولة الإجابة عن كثير من الأسئلة التي رافقت نشأتها ومسيرتها ، وكيف وصلت إلى ما وصلت إليه من خلال منشوراتها وبياناتها وتصريحات وكتابات قادتها ورموزها.

يرى الكاتب أن الاستبداد يجرد المجتمع من دفاعاته الذاتية الحديثة ، بينما يترك المؤسسات القرابية والدينية بلا مساس ،.. بيد أن للدين جذوراً دنيوية: فهو يلعب دور الترياق في مواجهة الحرب والموت ، والجريمة والدعارة. وهو دالة على الهوية ، ومحفّز لاعمال البر والإحسان ، ومصدر للدعم المعنوي ، وبديل عن الإيديولوجيات الشائعة.

وتستحق النقطة الاخيرة شيئاً من التفصيل في رأي الكاتب ، ففي العام 1967 ، أي في اعقاب هزيمة حزيران ، في الحرب العربية – الإسرائيلية ، أخذت مكانة الناصرية بالهبوط بينما تصاعدت مكانة التدين الشعبي والنزعة الإسلامية. غير أن العراق كان وقتذاك يمثل حالة معاكسة: فقد تولت القومية العربية – الاشتراكية السلطة في تلك النقطة تحديداً. والآن حيث تبدو النزعة الإسلامية في طور الأفول في المنطقة ، فهل يستطيع العراق أن يثبت كونه حالة معاكسة مجدداً؟

إن تسليط الضوء على الإسلام والنزعة الإسلامية في مقدمة الكتاب قد ينقل صورة أكبر من الواقع ، وبالتالي صورة مضللة.

فهذه القوى بارزة الآن في غياب المنافسين. فالقوى الحداثية ورجال الدين العقلانيون المؤيدون للسياسات العلمانية لم يدلوا بدلوهم بعد. إذ بخلاف العصب المسلحة القادمة من الأحياء الفقيرة التي اعتادت أن تتحرك في صفوف اليسار الاسلامي في الستينات ، فإن القوى العلمانية الحديثة لا ينقصها شيء ، سوى أنها تبدو راكدة في الوقت الحاضر في الأقل. ولربما يكون هذا هو السبب الذي يجعل العراق يبدو وكأنه أرض تطغى عليها حشود الشيوخ القبليين ورجال الدين المعممين.

غير أن الوضع بشكل عام لا يبدو محسوم النتائج. ما الذي سيتبقى من سياسة العصب المسلحة في الشوارع إذا ما وضع حد

لها ، أو إذا ما أعيد تزويد الناس بالخدمات ومن ثم تمسي الأعمال الدينية الخيرية وإشراف رجال الدين أموراً فائضة عن الحاجة ، أو فضلاً عن ذلك ، إذا ما أعيد بناء الروابط والجمعيات العلمانية والمدنية ؟

إن الكثير يتوقف على ما سيفعله الحكم المدني القائم فعلاً أو على ما هو راغب في فعله. هل سيختار مقاربة الحد الأدنى ؟ أم يتوجه نحو الدمقرطة والعلمنة ؟

جاء الكتاب في خمسة اجزاء وسبعة عشر فصلاً، حملت الأجزاء العناوين التالية:

الجزء الأول: الدولة ، الأمة ، النزعة الأسلامية.

الجزء الثاني: النشوء والطفرة.

الجزء الثالث: الفضاءات الثقافية: المرجعية والطقوس الشعبية.

الجزء الرابع: التصادم في عهد البعث.

الجزء الخامس: الايديولوجيا: النظريات الاجتماعية ـ السياسية والنظريات الاقتصادية.([17])

---

([17]) إصدارات جديدة: العمامة والافندي: سوسيولوجيا خطاب وحركات الاحتجاج الديني ـ فالح عبد الجبار ـ عرض: حيدر الجراح ـ شبكة النبأ المعلوماتية ـ 25/ 7/ 2012 ـ الرابط:

## ملاحظات على الإسلام السياسي "الشيعي" (1 من 2)

**عبد الله الغذامي**

حينما تعيش أجواء "تويتر" فإنك ستكون على احتكاك مباشر مع الحال الجماهيرية لأية نظرية سياسية أو غيرها ، وسترى الثقافة العامة التي يشكلها أي تنظيم في عقليات أنصاره ، ومن ثم ستعرف كيف تتشكل الذهنية الثقافية كاستجابة لسياسة وسلوك تنظيم ما ، وفي مقالتين متتاليتين سأضع قراءتي لحال جماهير الإسلام السياسي ، بشطريه الشيعي والسني.

وأبدأ من مقولة قلتها قبل أعوام في محفل كبير في مدينة القطيف شرق السعودية ، إذ كشفت عن عميق شعوري تجاه "**حزب الله**" ، وقلت: إن انتصار الحزب انتصار لضميري ، وكنت أقولها وأعنيها تحت معنى وعنوان نظرية المقاومة ، ولم يكن كلامي ليخص شخصاً بعينه ولا طائفة بعينها ، ولكنه كلام عن المقاومة وهي ضميرنا كلنا ، ولا شك.

ثم حدث ما حدث من تدخل "**حزب الله**" في سورية ، وحينها تغير عندي وعند غيري السؤال ، وصرنا نتساءل بحرقة عن مفهوم المقاومة ، وهل لها صلة بأية صيغة من الصيغ مع دخول الحزب لسورية!

---

http://www.annabaa.org/nbanews/2012/07/307.htm

هنا أخذت الأمور في الاختلاط والتداخل غير الثقافي وصار الضمير في حال امتحان ، فأنت أمام طاغية يقتل شعبه ، وليس على ذلك من خلاف ، ومن هنا فكيف ستكون صورة من يسانده ويقاتل معه ، حاملاً راية الظلم ومقترفاً القتل لشعب ثار لأجل حريته!

كان لا بد لي وقد هتفت لـ "**حزب الله**" المقاوم ، أن أتقدم بنقد تصرف الحزب حين تحول إلى صف الظالم.

وهنا تحضر المظلومية لتكون موضعاً للسؤال نفسه ، وإذا ما تحولت المظلومية لتكون ظالمة فماذا يبقى لها من الرصيد الأخلاقي والمنطق الثقافي ، وإذا تخلى المقاوم عن دوره وحرف وجهة البندقية ، فما مصير من ينتقد هذا السلوك؟

لكي تملأ الأرض عدلاً من بعد أن ملئت جوراً ، فهذا يقتضي أن تسلك سلوكاً عادلاً يبرر للكل بأن مظلوميتك علمتك درساً أخلاقياً في مقاومة أي ظلم وأي ظالم ، كما سيفترض فيها أن تكون حلاً للمظالم ومنعاً لوقوعها ، وليس إسهاماً في صناعتها من جديد وتكرارها!

هذا هو ما حاولته في تجربة حية على "**تويتر**" ، فماذا لقيت من مناصري الحزب ، وهو رد فعل يكشف عن النسق المتشكل بشعار الحل المفترض ، ويبين أن الحل الموعود لم يكن حلاً بقدر ما هو مشكل بحد ذاته ، إذ صار المقاوم ظالماً وصارت لغته مبررة للظلم ومنظرة له ، واتبع المغردون المناصرون لـ "**حزب الله**" ثلاثة أساليب لمحاصرة نقد سلوك الحزب في سورية ، هي:

1 – محاولة صرف النقد الموجه للحزب بأن يدفعك للكلام عن الإرهاب والإرهابيين ، لكي يحاصر نقدك ويشغله بنقطة أخرى غير الرئيسة ، وبالتالي يدفعك إلى إغماض عينك عن قول كلمة ناقدة توجه نقدها للخطأ المحدد ، وفي هذا محاولة لبناء سد حصين يتمترس فيه الخطأ محصناً عن أي نقد ، ويتم له أن يمارس ظلمه من دون محاسبة ، فقط لأن غيره ظالم مثله ، وعليك بغيره ودعه في حصانته.

2 – محاولة تشويه الناقد بوصفه ونعته بما في المعجم كله من صفات ، وكل حسابات "تويتر" المبهمة والمتسمية بأسماء وهمية ستحضر إليك لتحاصرك ، وفي النهاية جاء تقرير إخباري في محطة موالية بعنوان: "الغذامي يقدم تحولات من نوع جديد" ، اعتمدت على تغريداتي الناقدة لتدخل "حزب الله" مع اتهامي بالتحول الظلامي ، وورد هذا في نشرة الأخبار الرئيسة ، وهو على "يوتيوب" وبهذا العنوان.

3 – الدفع بتصوير أي نقد أو مساءلة لـ "حزب الله" على أنه مساس بالتشيع منهجاً وتاريخاً ، ويجري استخدام عبارة "آل البيت" في الخطاب السياسي المنبري وفي لغة "تويتر" ، لتلبيس القول بأن الناقد في مواجهة مع بيت النبوة ، ولن يسلم الناقد الشيعي من التهمة ذاتها.

والحق أن هذا تكتيك تجده عند جماهير الحزبية الإسلامية سنة وشيعة ، من حيث صرف الخطاب وتمييعه ، ومن حيث ضرب الناقد بالتهم ، وهنا يأتي السؤال الصعب: هل نحن هنا بصدد تأكيد المعنى الشيعي التاريخي عن المظلومية وملء

الأرض عدلاً من بعد الجور العام؟ وبالتالي نقدم حلاً لمشكلات البشرية ونكون مقاومين ومنقذين وواعدين ، أم أننا نربي جماهير منحازة ويغطي على بصائرها العمى الثقافي وينطبق عليها قول الشاعر:

**"لا يسألون أخاهم حين يندبهم**

**في النائبات على ما قال برهانا"**؟

هذا هو ما تلحظه على ثقافة الجماهير المناصرة ، وهي في حال انصياع تام مع لغة الحزب وتبريراته ، وفي تصديق مطلق له حتى لا تطلب برهاناً ولا حجة ، وكذلك لا تقبل نقداً ولا مساءلة ، ومن هنا يجري تصنيع النسق الأعمى وغرسه في النفوس وفي اللغة وفي خطاب التعامل مع المخالف.

وإن كان "حزب الله" هو رأس المعنى للمقاومة ما أكسبه قيمة أخلاقية وتاريخية في ضمائرنا كلنا ، حتى صار كل انتصار له انتصاراً لنا ، فإنه مع الحال السورية صار ينقض كل هذه القيم ، ويتحول إلى حال في تأزيم المعاني ، وتأزيم العلاقة بين المجتمعات وفي داخلها ، وتوريط التاريخ والمستقبل بصور مؤلمة ستلاحق الأجيال المقبلة ، لتكتب تاريخاً متصلاً من المظلوميات ، وهذا ضرر مستقبلي على الشيعة والسنة معاً.

تخويف الناقد

وأخطر شيء في هذا هو في إحساس الناس بالخوف من نقد أي تصرف للحزب ، حتى صار الحزب مصدر رعب بدلاً من أن يكون مصدر فخر ونصر ، وصار الحزب قوة ضاربة لا من حيث

قدراته المادية فحسب ، ولكن أيضاً من حيث جبروته وجبروت لغته في الرد والحسم ، والقطع بأنه محق وعلى حق دائم ، وأن غيره شياطين.

هنا نكون على مشهد حي من صناعة ثقافة التحزب السلبي والرافض للآخر المختلف ، إذ تحولت المظلومية إلى ظالمة وتحول الوعد إلى رعب ثقافي يتزايد يوماً بعد يوم ، ومن ثم فإن ما يجري هو تشويه للمعاني وتكرار للخيبات التاريخية المعاصرة ، بدءاً من خيبات اليسار العربي الثوري ، إلى خيبة نشهدها عياناً ، وفي الحالين راهنت ثقافتنا على المخلص المنقذ ، فإذا به خيبة تحل من بعد خيبة ، وتتبخر الوعود ، ولكن بعد أن تخلف أمراضاً تزمن وتنغرس في الجماهير ، وتبقى حتى وإن زال الفعل والفاعل.

هل هذه بكائية مني على زمن المقاومة ، أم هي نقد يحاول التنبيه للأخطاء ، ويأمل بآذان صاغية تتدارك ما تبقى من الجرة!

نيتي هي في الاحتمال الثاني ، لأجل تصحيح المسار.

وأولى خطى تصحيح المسار هي في إدراك أن ما نشهده على "تويتر" ليس سوى علامة على نوع من التغذية والتشرب الثقافي الناتج من التوجه الحزبي الفئوي ، وهو خطاب يتغلغل في نفوس جماهير لا تحصى ، وعلى امتداد المعمورة ، حتى ليصبح نسقاً مغروساً في الذهنيات ، ومن ثم في السلوكيات ، يحدث معه انفصام اجتماعي مع المحيط المحايث والداخلي ، وهذا ما يتطلب منا مباشرة الحال بنقد عقلاني يسمي الأخطاء بأسمائها ، كما سمينا المقاومة باسمها "حينما كانت مقاومة".

وفي المقالة المقبلة (تُنشر لاحقاً) وقفة مماثلة على حال الحزبية السنية.([18])

---

([18]) ملاحظات على الإسلام السياسي "الشيعي" (1 من 2) – عبد الله الغذامي – مقال – جريدة الحياة الندنية – ١٤ /4/ ٢٠١٤ – الرابط:

http://alhayat.com/Articles/1787238/%D9%85%D9%84%D8%A7%D8%AD%D8%B8%D8%A7%D8%AA-%D8%B9%D9%84%D9%89-%D8%A7%D9%84%D8%A5%D8%B3%D9%84%D8%A7%D9%85-%D8%A7%D9%84%D8%B3%D9%8A%D8%A7%D8%B3%D9%8A--%D8%A7%D9%84%D8%B4%D9%8A%D8%B9%D9%8A--(1-%D9%85%D9%86-2)

# ملاحظات على "ملاحظات الإسلام السياسي الشيعي" للغذامي

## جعفر الجمري

في جل مشروعاته ، مذ بدء مشروعه الأهم والأبرز في النقد الثقافي ، ظل أستاذ النقد والنظرية في كلية الآداب ، قسم اللغة العربية ، بجامعة الملك سعود بالرياض ، عبدالله الغذامي ، واحداً من أكثر الأكاديميين جرأةً وعمقاً في تناوله لموضوعات تظل جزءاً من المسكوت عنه ، أو لا يُراد أن يذهب تناولها عميقاً ، ولا بأس أن تمس سطح وقشر القضية. ما بعد ذلك قد يتجاوز أكثر من خط أحمر. ذلك اللون والمساحة التي يجب أن ننأى جميعاً عن الاقتراب منها.

في مقالته التي كتبها في جزأين: "**ملاحظات على الإسلام السياسي (الشيعي)**" ، ونشرها في صحيفة "الحياة" (14 أبريل/ نيسان 2014)، والآخر: "**ملاحظات على الإسلام السياسي (السني)**"، (21 أبريل 2014)، انطلق من منصة "**تويتر**" باعتبارها ثرمومتراً يكشف مستوى عقليات ونظر وتكتلات ، وفي المحصلة: بنْية غير منسجمة ، وفي كثير منها نتاج – ولا نقول جميعها – اصطفاف وانحياز أعمى ، مرةً بدافع الانتماء الديني/

الطائفي/ السياسي/ القبلي/ العشائري ، وقليل من أولئك من ينطلق بدافع الاستقلالية فيما يرى ، وحرصاً على موقف وسط جامع ومؤلّف ، لا يدّعي قدرته السحرية على إنهاء الفجوات ، بقدر محاولة لتضييقها.

يبدأ الغذامي من موقف جعله الشاهد فيما سيأتي من جزئي المقال: "**أبدأ من مقولة قلتها قبل أعوام في محفل كبير في مدينة القطيف شرق السعودية، إذ كشفت عن عميق شعوري تجاه "حزب الله"، وقلت: إن انتصار الحزب انتصار لضميرين، وكنت أقولها وأعنيها تحت معنى وعنوان نظرية المقاومة، ولم يكن كلامي ليخص شخصاً بعينه ولا طائفة بعينها، ولكنه كلام عن المقاومة وهي ضميرنا كلنا، ولا شك**".

ماذا حدث بعدها ؟ "**ثم حدث ما حدث من تدخل "حزب الله" في سورية، وحينها تغيّر عندي وعند غيري السؤال، وصرنا نتساءل بحرقة عن مفهوم المقاومة، وهل لها صلة بأية صيغة من الصيغ مع دخول الحزب سورية**"!

الغذامي لا يدخل في تفاصيل ما حدث. ما قبله من ممارسات على الأرض. ما بعده. لا يدخل في تفاصيل دخول حركات "**الجهاد**" العابر للحدود وبتسهيلات مفتوحة من قبل دول ، ومكنة أموال تضخ على المستويين الرسمي والشعبي. ذلك لا يهم. المهم لدى كثيرين ، أن المقاومة دخلت سورية. وفي ذلك

الدخول بالمناسبة لا يتحدد الاعتراض على فصيل سني وحده ، ثمة فصيل شيعي يذهب المذهب نفسه ولاعتباراته الخاصة أحياناً ، وللصورة التي يريدها للشيعة بالنأي عن أنفسهم في هكذا صراعات ، وهم المستهدفون من دون أن يكونوا – أحياناً – طرفاً فيها. الاستهداف بطبيعة النظر إليهم ، وبطبيعة التعاطي معهم في الدول التي يتواجدون فيها. حالة الشك التي تكاد تكون جزءاً طبيعياً من الممارسة ، وخصوصاً في مسألة الانتماء لغير أوطانهم ، وما يرتبط بذلك.

من الملاحظات التي يجب الوقوف عندها ، على رغم الاتفاق في عناوين ما يطرحه الغذامي ، لكن الدخول في التفاصيل يفرض مثل تلك الملاحظات ومنها ، تناول المظلومية ، وهو عنوان عادةً ما يكون على هامش أمرين: التهكّم من جهة ، ومحاولة تفريغ ذلك المفهوم ، بمعنى نفيه بطريقة أو أخرى! **"وهنا تحضر المظلومية لتكون موضعاً للسؤال نفسه، وإذا ما تحوّلت المظلومية لتكون ظالمة"**، فماذا تبقى لها من الرصيد الأخلاقي **والمنطق الثقافي، وإذا تخلّى المقاوم عن دوره وحرف وجهة البندقية، فما مصير من ينتقد هذا السلوك"؟**

هنا يراد للحزب أن يقاوم بالنيابة في مكان ، ولا يحق له أن يقاوم ما سيطول شره وخطره المكونات كلها في الجغرافية التي وجد حزب الله نفسه مضطراً أن يكون متواجداً فيها ، حين يتعلق

الأمر باستهداف مكونه من جهة ، وتراثه وإرثه الثقافي والديني!
الذبح على الهوية ، استهداف المراقد أيضاً على الهوية!

العملية كلها قدرة وذكاء في التوظيف الإعلامي، أحياناً
بشكل ذكي ، وأحياناً بشكل استعراضي غبي. وسيأتي تفصيل ذلك
في تناول الغذامي للإسلام السياسي السني.

في طبيعة صراعات كتلك ، لن يكون الأمر نزهة ، ولا يمكن
ضمان أن تكون الأخلاق حاضرة في التفاصيل من دون شائبة
تجاوز.

على الأقل ما تحفل به وسائل التواصل الاجتماعي تذهب
باتجاه الذين يتصدون للحزب بطبيعة تعاطيهم مع الأسرى ،
وتصاعد التفنن في القتل والذبح وحرق الأسرى أحياء ، وذلك
واحد من الاحترازات التي اتخذها الغذامي ، في استباقه للذين
سيردون على انتقاده لحزب الله ، والذي هو ليس فوق النقد ، ولا
أحد يقول بذلك. تلك عبارات الغذامي نصاً: "**محاولة صرف النقد
الموجّه للحزب بأن يدفعك للكلام عن الإرهاب والإرهابيين،
لكي يحاصر نقدك ويشغله بنقطة أخرى غير الرئيسة، وبالتالي
يدفعك إلى إغماض عينك عن قول كلمة ناقدة توجه نقدها
للخطأ المحدد، وفي هذا محاولة لبناء سد حصين يتمترس فيه
الخطأ محصناً عن أي نقد، ويتم له أن يمارس ظلمه من دون**

محاسبة، فقط لأن غيره ظالم مثله، وعليك بغيره ودعه في حصانته".

مثل ذلك الكلام هروبٌ عن أصل المشكلة اليوم، فعدا الكلام على فظاعات ارتكبها النظام السوري، ولا آلة إعلامية يمكن لها أن تبرؤه، هنالك مشروع تكفيري انطلق بغطاء دول إقليمية لا تستهدف المكان الذي صار جامعاً لها، وناسفاً للهويات من أجل تحقيق الهدف.

بين التجاوزات، من بينها وجود **"حزب الله في سورية"**، وتجاوزات قد يكون ارتكبها أو نسبت إليه على الأرض، يتم التغاضي عن **"الفظاعات"** التي تجاوزت الحدود وباتت نوعاً من الإنجاز بصورها المتعددة![19]

---

([19]) ملاحظات على "ملاحظات الإسلام السياسي الشيعي" للغذامي – جعفر الجمري – مقال – صحيفة الوسط البحرينية – العدد: 4254 – 1/ 5/ 2014 – الرابط:

http://alwasatnews.com/4254/news/read/881202/1.ht

ml

## هل هناك "هوية شيعية" في العالم العربي ... وكيف يمكن تذليل مشكلات الاندماج؟

يقول غراهام فولر ورند رحيم فرانك أن كتابهما "الشيعة العرب: المسلمون المنسيّون" سانت مارتينز، يحاول الاجابة عن الاسئلة التالية: من هم الشيعة العرب وعماذا يبحثون؟ وما طبيعة دورهم في المجتمع الشرق اوسطي وسياساته؟ وما طبيعة "المشكلة الشيعية" من وجهة نظر المجتمعات والحكومات السنيّة؟ وكيف ستؤثّر ديناميات سياسات الدول ومواقف الشيعة على التطورات الداخلية والاقليمية؟ وما هي الاستراتيجيات التي يرجّح أن تتبناها الشيعة والدول في التعامل مع الموضوع الشيعي، وما الذي يجب أن تفكّره الحكومات الغربية بالنسبة الى الشيعة في سياق سياساتها المستقبلية للمنطقة، لا سيما ما اتصل منها بعمليات الدمقرطة؟

لكن هذا الكتاب المهموم بالعالم العربي والذي يقدّم معلومات ثمينة عنه وعن شيعته خصوصاً، يحدد، منذ صفحات مقدمته، صعوباته. ذاك أن الموضوع غير مرغوب فيه وحسّاس في العالم العربي، وهناك الكثيرون الذين ينفون وجود المشكلة أصلاً كما يتهمون من يتناولها بنكء الجروح وربما بما هو اكثر كتنفيذ الأجندات التآمرية.

لكن الكاتبين يمضيان مؤكدين أن الطريقة الفضلى لخدمة المصالح الأميركية هي العمل على تطور المنطقة بسائر شعوبها وأديانها وجماعاتها ، خصوصاً من خلال الديموقراطية.

و"**مشكلة الشيعة**" ليست ، ببساطة ، ذاك الموضوع العادي والتقليدي عن الاقليات في مجتمعات بعينها. فهم ، في العراق والبحرين مثلاً ، اكثريات الا انهم في وضعية اقلية. كما أنهم كثرة كبيرة في لبنان. هكذا فحساسية موضوعهم تمضي عميقاً لتمس بعض المبادئ التأسيسية للاجتماع السياسي في المجتمعات التي يعيشون فيها. ذلك أن سيادة فكرة "**الأمة**" والتأويل السائد لها انبثق منهما تنميط طال الشيعة كانشقاق أول. وقد اضافت السنوات الاخيرة ، لا سيما بعد الثورة الإيرانية ، تنميط النظرة الغربية اليهم بصفتهم جماعة متراصّة لحمتها العنف والتطرف.

والأمر أعقد طبعاً ، اذ بعد كل ذاك التاريخ المديد للجماعات الشيعية في ما لا يحصى من مناطق وبلدان عربية ، وبالاحتكاك مع ما لا يُعدّ من الهويات الوطنية ، بات من المشروع ان نتساءل ما اذا كانت هناك فعلاً هوية شيعية واحدة جامعة. اذ يفترض أمرٌ كهذا مسبقاً وجود رابطة تتعدى الجغرافيا والتاريخ والسياسة ، لا بل الاصول الاثنية ايضاً. واذا كان الشيعة يشاركون السنة إيمانهم بأعمدة الدين الإسلامي ، تبقى الدراما المركزية في الشيعية ممثلة بمأساة الحسين. وهنا ، واكثر بما لا يقاس من السنّة ، حوّل الشيعة معتقداتهم إلى ثقافة ونظام مرجعي يتألف من نصوص وطقوس وممارسات واساطير شعبية. ومثل الكنيسة

المسيحية القروسطية يتميز العام الشيعي بفصول من المحطات والتذكارات والواجبات التي غالباً ما تؤدي جميعاً ، كعاشوراء وشهر محرّم وعيد الغدير.

والعنصر الآخر الذي يميز الهوية الشيعية ، إذا صح التعبير ، هو المرجعية. إذ يفترض بكل شيعي ممارس ان يتبع مجتهداً ما أو أكثر في سائر جوانب حياته. والمرجع ، تبعاً لنيابته عن الإمام ، يحمل ثقلاً سياسياً يزيد أو ينقص تبعاً للظرف. إلا أن الدور البارز للمرجع والذي لم يتحصّل إلا في القرون القليلة الماضية ، غدا بالغ الاهمية في تقرير مدى التقارب بين التأويل الديني وأسئلة العصر. وهذا ، من حيث المبدأ ، وسم الشيعية بسمة الانفتاح لا سيما وأن موت مرجعٍ بعينه يلغي الالتزام بفتاواه وتأويلاته فاتحاً الباب للأتباع كي يختاروا خلفاً له.

والحال أن الشيعية ، في القرن العشرين ، عاشت خارج المراكز الكبرى التي صُنع فيها التاريخ العربي ، كالقاهرة ودمشق وبغداد والرياض. وهذا ما جعل الهوية الشيعية تتشكل ، إلى حد بعيد ، على يد الضغوط الخارجية التي أملتها البيئة المحيطة على الشيعة ، فضلاً عن المواصفات الجمعية المتوارثة.

وقد كان الاضطهاد النازل بهم اقوى هذه المكوّنات. فما يعزز البُعد الثقافي – الديني في الهوية الشيعية هو تعريفهم الاجتماعي ما بين جنوب لبنان والبحرين. وهذا الإحساس بالاضطهاد وضعف العدالة مَلمح قوي في الادراك الذاتي للشيعة كما في التضامن ودعواته. بل هذا ما يحسّه حتى أولئك الذين لا يتقيدون إلا في الحد الادنى باملاءات المذهب وفروضه.

لكن على رغم ان للشيعة دوراً قليلاً في تشكيل الحياة العامة في دولهم، فان ما يزيد في تقسيمهم الخلافات التي تطرأ بين أنظمة الدول التي يعيشون فيها. وتمثل العلاقات الايرانية – العراقية خير مثال على هذا. بيد ان معظم الفوارق بين طوائفهم تنبعث من أسباب طائفية داخلية. فالمكوّنات الكثيرة للهوية الدينية والثقافية الشيعية، والمعاناة المشتركة، تعمل على احداث درجة من التلاحم وتبدي الطائفة، للوهلة الأولى، كبوتقة مغلقة. إلا أن الواقع أن المعتقد والتجربة الواحدين لا يكفيان لتجاوز التنوع البعيد القائم، ناهيك عن افتراض أهداف واحدة بعيدة. أكثر من هذا، فالكثير من العوامل التي توحّد الشيعة تقسمهم في الآن نفسه: والمواقف من المرجعية مثال جلي إذ اأ درجة الالتصاق بالتعاليم الدينية سبب اساسي في خلافاتهم. كذلك فالاشكال الكلاسيكية للتراتُب الاجتماعي تقسمهم ما بين كثرة فقيرة وقلة غنية أو متعلمة او مدينية. ذاك ان الطبقة الاجتماعية عنصر قوي في الهوية. وهكذا جميعاً يجعل من المستحيل الكلام على هوية متجانسة.

لكن ما الذي تسبب بالانبعاث الشيعي؟ عوامل عدة لا يتفرد بها الشيعة. فهم والسنة يشتركون في خيبة أمل حيال الحداثة والايديولوجيات الغربية وهزائم العرب في فلسطين وتفتت المجتمعات نتيجة للتمديُن والبقرطة. وبالنسبة اليهم تحديداً ارتبط هذا كله بجذور في تجربتهم التي فاقمت مرارتَها الهامشيةُ والوضع الاقتصادي وباقي العوامل.

فتقليدياً ابتعدت القيادات الشيعية عن السياسة، لكن استمر وجود النشاطية من دون انقطاع. وكان للشعور بالمظلومية والحرمان أن شكل قاسماً مشتركاً بين كل مداخلاتهم ومداخلات احزابهم في السياسة. فالمرحلة المبكرة من الانخراط، في بدايات القرن، عبّرت عن التذمر الاقتصادي الاجتماعي وطلب الحكومة "العادلة". وفي منتصف القرن تترجم هذا الى مفاهيم اوروبية عن النظام الطبقي، وذاك بالانتساب إلى أحزاب اشتراكية وشيوعية محظّرة. لكن الطور الثالث أنتج طرحاً شيعياً صريحاً ومباشراً فيما اتسع الخطاب الاقتصادي ليطول جوانب السلطة السياسية والحصة الذاتية في مؤسسات الدولة.

وانعكست الحرب الباردة في العالم العربي مواجهةً بين معسكرين: المحافظ المتحالف مع الغرب، وذاك المائل الى سياسات يسارية وقومية. وبدا الانتقال من الطور الثاني إلى الثالث ذا سمات ملحوظة، إذ ما إن انحاز شبان شيعة إلى المعسكر الثاني وإلى أيديولوجياته الأكثر راديكالية، كما تدل العلاقة مع الحزب الشيوعي العراقي خصوصاً، اصيبت المرجعية بالذعر، وربما تعاونت مع البعث في اوائل الستينات لاصدار فتوى تصم الانتساب إلى الشيوعية بمعاداة الإسلام. وفي مطالع العقد نفسه نشر السيد محمد باقر الصدر كتابه المفصلي: "فلسفتنا" الذي قدّم كلاً من الشيوعية والرأسمالية كأيديولوجيتين أجنبيتين ترتكزان على المادية التي تحقّر الكائن الإنساني الذي يُعليه الاسلام. ثم كان تشكيل "حزب الدعوة" الذي وفّر الشكل الشيعي العراقي في

الاستجابة لإخفاق بناء الدولة وإحداث التنمية ، فضلاً عن الهزائم العربية وتراجع اليسار.

والحق أن ما عبّر عنه باقر الصدر في العراق ، وما عبّر عنه السيد موسى الصدر في الفترة نفسها في لبنان لم يكونا متماثلين. إلا انهما ، مع هذا ، أنتجا خلاصة واحدة هي توليد منبر للتعبير السياسي الشيعي المستقل.

وهكذا ، وعلى عكس ما يُظن ، فالثورة الايرانية لم تكن ما أنجب الانبعاث الشيعي ، ولو أنها عززته وقدمت له نقطة ارتكاز للهوية التي كانت قطعت شوطاً في تشكّلها. وبالمعنى العريض ، يمكننا موضَعة المشكلة الشيعية ضمن الإطار الأوسع لقضية الأقليات في المنطقة. لكن طرح الأمر هكذا يلقى رفضاً اجماعياً بالنظر الى ثقافة تأبى الاقرار بالانقسام إلى أكثرية واقليات. وفي ما خص الشيعة المشاركين في هذه الثقافة فالأمر يطرح عليهم معضلة مفادها ترددهم في تبني مبدأ المطالبة بحقوقٍ أقليةٍ على ما هي حال المسيحيين أو الأكراد ، خصوصاً أن هذا يجرّ عليهم ما لا يجرّه على الآخرين من تهم بالطائفية وتجزئة وحدة الجماعة الإسلامية.

والحال أن التهمة الأهم التي وجهتها الدولة العربية الحديثة للشيعة تطول مسألة "**الولاء**". لكن إذا وجد هذا القاموس علاجاته في الغرب بـ "**العقد الاجتماعي**" بين الشعب والحكومة ومن ثم بوثائق تأسيسية كإعلان الاستقلال الأميركي حيث يُشرّع حق المواطنين في الثورة ، فإن هذه المفاهيم ليست غريبة عن الإسلام ، لا سيما مفهومه عن "**البيعة**" ، علماً أن أعمالاً وتصورات

كهذه لم تحظ بالعناية والتطوير النظريين. وعملياً ففي معظم البلدان التي يقطنها شيعة لا توجد مواثيق واتفاقات معلنة تحدد العلاقة بين الحاكم والمحكوم، ما ترك الباب مفتوحاً لتصوير الشيعة كبرّانيين او خارجيين. وقد تفاقمت هذه الصورة بسبب شيعية إيران خصوصاً وقد اضحت مدنها الدينية المقدّسة، في العقود الأخيرة، أهم من مثيلاتها العراقية واوسع تأثيراً لأسباب تتصل بالأنظمة التي تعاقبت على بغداد اتصالها، من ناحية أخرى، بقيام النظام الخميني في طهران.

والراهن أن علاقة الشيعة المضطربة بالدولة الحديثة تشرب من ماء البدايات، حين "**الانشقاق**" الأول مع الإمام علي. ثم كان لتوالي الهزائم والخيبات أن غيّر تركيب الشيعية في أواخر القرن التاسع إذ راح الائمة يكرّسون أنفسهم للدرس والتفقّه والقيادة الروحية بعيداً من الانتفاضات والحركات المعارضة. بيد أن اصطباغ الحكم بالظلم ظل محفوراً في بسيكولوجيا شيعية جمعية ما. وإذا صح أننا بتنا نرى أخيراً، وفي صورة مفارقة، حركات أصولية سنية تستعير "**الوعي الشيعي**" عن مظلومية الحكم والدولة وضرورة مقاومتهما، بقي أن الشعور الشيعي بالهامشية وجد ما يغذّيه في الحكم العثماني والإدارات السنية المحلية والمدينية التي اعتمد عليها. حتى إذا انقضى العهد المذكور استأنفت الدول الاوروبية المنتدبة، من موقع انشائها للدولة الحديثة، موقف التهميش إياه حيالهم.

اذاً، ومن غير ان يكون الاعتراض الشيعي حديث العهد، فإن تحولاً نوعياً طرأ مع تشكيل "**حزب الدعوة**" في العراق الذي

نشأ رسمياً في 1967 إلا أن نُواته ظهرت في 1958. فقد خضع
الحزب هذا لتنكيل عظيم في السبعينات كما أعدم باقر الصدر
وشقيقته في 1980. وفقط بعد هذا الاضطهاد كله شرع الحزب
ينتقل إلى التظلل بإيران ، فيما كانت حركة "أمل" ومن بعدها
"حزب الله" من بنات النزاع الأهلي اللبناني. ولئن ابتدأ موسى
الصدر مشروعه داعياً إلى تجديد البناء الوطني وإصلاحه فإن النزاع
اللبناني وتماديه فعلاً بحركته ما فعله الاضطهاد بحزب الدعوة في
العراق. وفي هذه الغضون كان للحرب الطويلة بين إيران والعراق
أن قدمت المسرح الدرامي المطلوب لتبلور الهوية قبل أن تنفتح
الساحة الأخرى في جنوب لبنان.

وقصارى القول أن التمايزات الوطنية وغيرها داخل الشيعة
لا تغني عن مبادئ عريضة تنهض عليها جوهرياً النضاليات
الشيعية ، ولو جرفها هذا الحدث او ذاك بعيداً منها ، أو أكسباها
ملامح اخرى. وأهم تلك المبادئ حقوق متساوية في المواطنة ،
وإنهاء للتمييز ، وإصلاحات ديموقراطية وحماية لحقوق الإنسان ،
وضمان حقوق الأقليات ، وتطبيق الطائفية السياسية بصفتها
المعادل المحلي لنظام العمل بالكوتا "**العمل الإيجابي**"
الاميركي ، وهو ما يتجسد هنا في التمثيل النسبي ، لا سيما في
لبنان. كذلك فمن تلك المبادئ العلمنة ، ولكن بمعنى توفير
الحريات الدينية للجميع من دون تدخُّل الدولة ، أي بحسب
الصيغة الاميركية لا الفرنسية ولا التركية.

إن العلاقات بين إيران والشيعة العرب معقّدة ورجراجة.
وهي شهدت تذبذبات عدة في السنوات الخمسين الماضية ، وليس

من المستبعد أن تشهد تذبذبات أخرى للسنوات العشرين المقبلة. ففيما تتجه طهران الآن أبعد فأبعد عن العقيدة والثورة نحو متطلبات الدولة والاصلاح الداخلي والتطبيع مع العالم الخارجي ، فإن علاقاتها بالجماعات الشيعية العربية ستكون انتقائية وأشد ارتباطاً بخدمة مصالحها. فهي من المرجح أن تتجاهلهم حيث تكون علاقتها جيدة مع أنظمتهم ، مستخدمة صلتها بهم حيث يعود ذاك بالنفع عليها.

وهذا يطرح مشكلة نظرية وعملية تطول الأحزاب العابرة للحدود الوطنية ، قومية كانت أم إسلامية ، بعد اليوم. ففي زمننا المعولم يمكن للروابط اللغوية أو الدينية الجامعة أن تلعب دوراً كبيراً في الهويات الكبرى "ماكرو هويات" وتشكيلها ، إلا أن من الصعب أن تنعكس على الصعيد السياسي والدولتي الذي يتفرّع ويتعدد تعدد الدول والأوطان.

ويُقدّر ، في المقابل ، أن يبتعد الشيعة العرب عن إيران مع إحساسهم بتراجع الفائدة التي يمكن لهم أن يجنوها من هذه العلاقة ، وكذلك بتزايد احتمالات الخسائر المترتبة عليها. وقد يتصاحب هذا مع إمعان في التوكيد على الهويات السياسية الوطنية للدول التي ينشطون لتحسين أوضاعهم فيها. لا بل قد يتعاظم في اوساطهم عنصر العداء لإيران رداً على سلبيات العلاقة الماضية وتوكيداً للقناعات الجديدة. والحق أن الشيعة العراقيين شديدو الانقسام حول هذا الموضوع تبعاً لعيش الكثيرين من العراقيين في إيران في ظروف لا يُحسَدون عليها. فإذا تحققَّ سقوط صدام لمصلحة نظام تعددي وديموقراطي في بغداد ، فما يُرجّح هو

احتدام التنافس بين العراقيين والإيرانيين حول الطرف الذي يتولى القيادة ويملأ الفراغ.

أما من وجهة نظر غربية ، فإن علاقات طهران مع الطوائف الشيعية العربية قابلة لأن تتبدّى ايجابية أكثر منها سلبية شريطة حصول تغيّر ديموقراطي إيراني يساعد على تخفيف الاحتقانات وفض النزاعات. وهذا من دون أن يغيب الافتراض القائل أن الشيعية ، مثل أي مذهب أو دين يتجاوز الحدود الوطنية ، سترسو على تعددية في المراكز تفرضها الحدود المذكورة.

وبالنسبة إلى البلدان العربية كلها يمكن القول إن تراجع الولاءات الأهلية داخل النظام السياسي ، وحلول السياسات المدنية المرتكزة على قضايا محددة محلها ، سيكونان مفيدين للشيعة كما لغيرهم. وهذا إنما يعود إلى دور مثل هذا التغيير في تمويه خطوط الانقسام الديني والمذهبي ، وفي توسيع دائرة الحوار بين الأقليات جميعاً ، بما فيها الشيعة ، وبين الأكثرية السنية. والشيعة تحديداً يملكون ، نظرياً ، كل مُحفّزات الدفع نحو الديموقراطية في العالم العربي. ولهذا فإن التزاماتهم المنطوقة ، وإن غير المُجرّبة بعد ، بالديموقراطية هي مما ينبغي أن يطمئِن الغرب الذي ينظر إلى الدمقرطة كشكل في الحكم يقود إلى استقرار واعتدال أكبر.

بطبيعة الحال لا يسع أحداً أن يضمن ان الشيعة سوف يكونون ، عند وصولهم إلى سلطة ما ، أكثر ديموقراطية من باقي الجماعات ، خصوصاً أننا نتحدث عن منطقة لم يُعرف التقليد الديموقراطي فيها بأية قوة ملحوظة. وما نعلمه من تجارب سابقة

كثيرة أن طريقة الوصول إلى الحكم تؤثّر تأثيراً بعيداً في الكيفيات السياسية التي تُعتمد لاحقاً.

مع هذا فالفرضية كلها تبقى قابلة للطعن لأن الشيعة لن يصلوا هكذا ، وككتلة واحدة متجانسة ، إلى أية سلطة. فهم ، من جهة ، تقسمهم معطيات الطبقة الاجتماعية والمناطق والأفكار وأنظمة القرابة. وهم ، من ناحية ثانية ، مشدودون إلى ما لا حصر له من ائتلافات وتحالفات مع قوى أخرى في المجتمع المعني. ثم ان كل اقتراب من السلطة سوف يطلق ما لا حصر له من تناقضات داخلية على ما هو ظاهر الآن في حالتي المعارضة الشيعية العراقية وشيعة الكويت.

وإذا كانت السياسات الراديكالية لإيران ، في العقدين الماضيين ، قد لعبت دوراً كبيراً في تعقيد الوجود والدور السياسيين للشيعة العرب ، يبقى أن مصالحهم تكمن اليوم في تطوير مراجع تقليد محلية. وهذا ما يطمئن السنّة الميّالين ، لسبب أو آخر ، إلى التخوف من "**الارتباطات بالخارج**". وما يُلاحظ أن الحالتين اللتين استطاع فيهما الشيعة العرب إحراز درجة بعيدة من المساواة في الحقوق ، أي حالتي لبنان والكويت ، فان ما تمّ فيهما تم من داخل سياق ديموقراطي. لكنْ لئن اختلطت نشأة هذين السياقين بخضّات كبرى ، كالاجتياح العراقي للكويت والحرب اللبنانية ، فالمطلوب ضبط هذه الخضّات الانتقالية وتقليل أكلافها الإنسانية ، وهو الجهد الذي يمكن أن يساهم الغرب فيه.

بيد أن المشكلة المفتاحية في النهاية ، وفي ما يعني المنطقة ككل ، هي الحؤول دون هيمنة سياسات عدمية متبادلة في ما يتصل بعلاقات السنّة والشيعة. وقد يتجسّد أحد العلاجات في اعتماد شكل ما من التمثيل النسبي أو الطائفية السياسية على النحو المعمول به في لبنان. فإذا لم تكن الفلسفة السياسية الاميركية تجد في مثل هذه الميكانيزمات عنصراً جذاباً ، يبقى أن الطائفية السياسية وضمان توزيع معقول للحصص يمكنهما تسهيل المعاناة في المرحلة الانتقالية المحفوفة بالمخاطر لبلدان كثيرة. وهذا من دون التغافل عن مشكلات عدة تلازم العلاج المذكور أهمها الميل إلى تحويل التوازنات العددية إلى واقع جوهري يصعب ، مع الزمن ، تعديل صيغه السياسية. وهذا ، بطبيعة الحال ، يسيء إلى إنماء تحالفات سياسية تتعدى المصالح الإثنية أو الطائفية.[20]

\* كاتب ومعلّق لبناني

---

[20] هل هناك "هوية شيعية" في العالم العربي ...وكيف يمكن تذليل مشكلات الاندماج ؟ – حازم صاغية – جريدة الحياة اللندنية – 3 / 7 / 2000 – رقم العدد: 1362 – ص 10.

## هوية الشيعة في العالم العربي

### مداخلة وتعليق

محمد باقر النمر

كان جميلاً المقال الذي نشرته الحياة في عددها 13627 الصادر في 3 تموز (يوليو) 2000 للأستاذ حازم صاغيّة بعنوان: **"هل هناك هوية شيعية في العالم العربي، وكيف يمكن تذليل مشكلات الاندماج ؟"**.

ولي مداخلة وتعليق على بعض ما جاء في المقالة المذكورة.

للحق ، إن جريدة الحياة هي الصحيفة العربية الوحيدة التي نحرص على مطالعتها بشكل يومي ، لاتساع هامش الحرية والجرأة مقارنة بالصحف العربية الأخرى التي تملأ الأكشاك.

وقد آن الأوان أن نناقش وبشفافية الموضوعات اللا مفكر فيها أو المحرّفة سياسياً وفكرياً ونكاشف بها ذواتنا حكومات وشعوباً ، قبل أن يكشفها الآخرون فتبدو السوءات.. بينما لو كشفناها نحن فستكون هناك موضوعية وشفافية بحكم أن **"أهل الدار أدرى بالذي فيها"** وبقصد وضع حل لمشاكل موجودة وعالقة وإنكارها أو نفيها لن يحيلها إلى عدم.

ومن تلك المواضيع ما آثاره بجرأة هادئة الأستاذ صاغية حول الشيعة في العالم العربي والذين يشكلون نسبة لا يستهان بها في العالم الإسلامي قد تصل إلى الثلث في بعض الإحصاءات أو إلى الربع في أقل التقديرات.

كما أنهم يشكلون أكثرية في العراق والبحرين وما يقارب النصف في الكويت ولبنان.

ويشكل الشيعة في السعودية وهم بالمناسبة أكبر تجمع شيعي في العالم العربي بعد شيعة العراق حيث يبلغ تعدادهم مليون ونصف ، أي حوالي 10 % من سكان المملكة. يعيشون في الشرق من البلاد ، وتحديداً في محافظتي الأحساء والقطيف ومدينة الدمام وفي الحجاز وجنوب المملكة ، ولا تكاد تخلو منطقة من مناطق المملكة منهم.

يبدو وللوهلة الأولى لدى بعض المتابعين والمراقبين أن إثارة هكذا مواضيع يفضي إلى إذكاء للطائفية البغيضة ونبش للماضي وتحريك للسواكن. والحال أن في ذلك مغالطة كبيرة. لأن التعرف على ما عند الآخر مدعاة للتفاهم والتقارب وبناء جسور الثقة والمحبة التي يتوخاها كل مسلم.

وبادئ ذي بدء إن المسلمين الشيعة عرباً وغير عرب ينبغي أن يكونوا سنداً لإخوانهم المسلمين فهم يمثلون الجناح الآخر لطائر محلق لا يمكنه أن يطير لو كسر أحد جناحيه.

ولا أدل على تلك المساندة مما حققته المقاومة اللبنانية التي ما كان لها أن تنتصر لو لبست الثوب الطائفي وصبغت نفسها بغير صبغة الإسلام والعروبة والوطنية. وقد افتخر العرب والمسلمون ، إلا ما شذ وندر ، بما حققته المقاومة الشجاعة للعرب وللمسلمين. صحيح أن الشيعة في مختلف الأصقاع كانوا أكثر اعتزازاً وفخراً ولا ضير ، فمن حق من يحقق هو أو عشيرته مكاسب أن يفخر بها دون الإساءة للآخرين ، وهذا ما تم ، وهو مقبول.

وإلى ما قبل عشر سنوات وتحديداً حين غزا صدام الكويت وقف الشيعة في العالم والشيعة في الكويت خاصة مواقف مشرفة وشجاعة يدركها ويعرفها أكثر من غيرهم أهل وحكومة الكويت.

كما وقف الشيعة في السعودية مواقف مشرفة ثمنت حينها من قبل حكومة المملكة ولسنا هنا بصدد ذكر تفاصيلها ، ولكن على سبيل المثال لا الحصر فقد رفعت برقية لخادم الحرمين الشريفين الملك فهد بن عبدالعزيز حفظه الله موقعة من مئات الأشخاص يطالبون بالسماح لهم بالمشاركة في الدفاع عن الوطن وقتال المعتدين وتحرير الكويت.

إن التعاطي مع أي مشكلة ينبغي أن يكون على أساس العلاج ووضع الحل السليم. وهذا لا يكون إلا بالمكاشفة والشفافية لا بالتهرب والنفي كما أشار الأستاذ صاغية حين قال: "**إن هناك**

من لا يرغب في مناقشة الموضوع كونه حساساً في العالم العربي".

وهنا نوجه دعوة جادة مخلصة لكل المهتمين بالسياسة والأمن الاستراتيجي العربي أن يجسِّروا الهوة التي فصلتهم عن إخوتهم الشيعة في العالم العربي ويتجاوزوا الأوهام ويصلوا ما قطع من وشائج الألفة لمواجهة الأخطار الخارجية وأطماع الطامعين سيما العدو الصهيوني الجاثم على أرض فلسطين الحبيبة.

إن الشيعة هم أول من آمن بفكرة الأممية ووحدة الأمة الإسلامية ولا أدل على ذلك من مواقف أئمتهم بدءاً من الإمام علي بن أبي طالب (عليه السلام) وبعده الإمام الحسن الذي تنازل عن الحكم لمعاوية فقط لحقن دماء المسلمين ووحدتهم، وهذا أمر معروف في التاريخ الإسلامي.

أما ما حدث في العقدين المنصرمين، تحديداً بعد انتصار الثورة الإيرانية (1979م) إنما هي حالة استثنائية. وللحقيقة إنما هي نتيجة لتراكمات لابد من إخضاعها لقراءة موضوعية مجردة، وينبغي دراستها بتأمل وروية؛ كونها نتيجة لانفراط عقد التفاهم بين بعض الفرقاء المسلمين، ودخول من دق أسفين الفتن فيما بينهم.

إما تحرك الأكثرية الشيعية في العراق ضد حكم فئة ظالمة من الأقلية المظلومة هي الأخرى ، فقد كان أمراً طبيعياً جداً وسيتكرر ولو بعد حين.

ولكن هل قام الشيعة في الإمارات العربية المتحدة وهم موجودون بالفعل ، وكذا الشيعة في عمان مثلاً بثورة أو تحرك لإسقاط أو زعزعة الحكومات هناك؟ بالطبع لم ولن يحصل.

كما يخطئ من يربط بعض ما جرى من حوادث هنا وهناك من شيعة المنطقة الشرقية في السعودية على أنه تبعية وولاء لإيران ، وإنما هو رد فعل لتراكمات بدأ بعضها بالزوال.

أشار الأستاذ صاغية إلى تعقد التاريخ الشيعي وتساءل ما إذا كان الشيعة يشاركون السنة بأعمدة الدين الإسلامي و...

أوجز هنا أن الشيعة يلتقون مع السنة في مسائل أكثر مما يختلفون فيها ، وهم — كمقارنة — أقرب إلى بعضهم البعض من طوائف الديانات السماوية الأخرى ، وليس اختلافهم بأوسع شقة من اختلاف المذاهب السنية أو الشيعية فيما بينها.

فأين الكاثوليك من الأرثوذكس أو البروتستانت في المسيحية والفوارق بينهما؟

وأين فرقة (الأحبار) من (الصدّوقيون) في اليهودية؟ ...

والفوارق بينهما كثيرة ، وقد سفكت دماء بين تلك الطوائف ولا تزال ، في حروب عقائدية لا يوجد أمثالها بين المسلمين خصوصاً في العصر الحديث باستثناء محاولات التوظيف التي لم تجد نفعاً.

أما نحن المسلمين سنة وشيعة فموحدون ؛ نؤمن بالله تعالى رباً ، ومحمد (صلى الله عليه وآله وسلم) رسولاً ونبياً ، والقرآن ما بين الدفتين المتداول بين أيد المسلمين قاطبة كتاباً ، وإن كتاب الله وسنة نبيه الواردة من طريق صحابته وعترته مصدراً التشريع الأساسيان لحياة المسلمين. وكلنا نؤمن بأركان الإسلام: الصلاة ، والصيام ، والحج ، والزكاة ، وكذلك الجهاد في سبيل الله ، والأمر بالمعروف والنهي عن المنكر.

وإذا ما وجد ثمة اختلاف فهو في بعض الفروع والتفاصيل نتيجة لاختلاف أفهام الفقهاء والمجتهدين في تفسير النصوص ، وهو أمر طبيعي. وقد فسر بعض المفكرين الحديث الشريف: "**اختلاف أمتي رحمة**" بهذا الاختلاف ؛ لأن فيه تيسيراً على الأمة. وهو كذلك مورد اختلاف حتى بين المذاهب السنية الأربعة ، وكذا بين مجتهدي الشيعة فيما بينهم. وكل ذلك راجع إلى الاجتهادات كما ذكرنا. إضافة إلى اختلافهم في تقييم بعض الأحداث في تاريخ المسلمين والموقف منها. وفي رأيي أنها ليست جوهرية أو لا أقل يجب أن لا تؤدي للفرقة والتباعد ، فغالبها مسائل تعبدية وشؤون

فردية يراها كل فرد حسب قناعته وإدراكه ، أو يعمل بها حسب المنهج المتبع لديه.

وبالنسبة إلى ما أشار إليه الأستاذ صاغية من أساطير شيعية.. فأتفق معه على ضرورة غربلتها ، وهي موجودة بالفعل لدى كافة المسلمين. ولسنا هنا بصدد ذكرها والتفصيل فيها ، إلا أن بعضها ينبغي أن يخضع لدراسة جوهرية متكاملة بأجمعها كما هو الحال لقضية الإمام الحسين ويوم عاشوراء وكذا يوم الغدير التي أشار إليها الأستاذ.

وقد أشار الأستاذ صاغية إلى ضعف الدور الشيعي في الحياة العامة في دولهم. وهذا صحيح ، ومما يؤسف له أيضاً. ولكن لنا أن نسأل ما هي الأسباب؟ ومن هو المسؤول؟ هل هم الشيعة؟ أو لنسأل: هل هم الشيعة وحدهم؟ أم الأطراف الأخرى صاحبة القرار وقرار الاستثناء؟

رغم أن بصيصاً من النور بدا في الأفق الآن لكن لا يكفي ولا يحقق الأمل المنشود.

ويمكن هنا أن نذكر بكل شفافية أمثلة وشواهد بسيطة في دول مختلفة فسحت المجال أمام مواطنيها الشيعة للمشاركة في الحياة العامة لنرى كيف كانت النتيجة:

(الكويت) وتجربة النواب الشيعة في البرلمان ووصول بعضهم لمناصب وزارية.

ماذا حدث بعدها؟ هل حدث ما لم يحمد عقباه؟ أم أن الذي حدث —وهو تفكير سليم – استيعاب لطاقات وسواعد مشاركة في بناء الوطن. وكان يمكن أن تكون مجمدة فضلاً عن إمكان تجييرها لغير صالح الوطن الكويتي.

(البحرين) ماذا لو أن الحكومة همشت بالكامل الشيعة في المناصب العليا – وهم أكثرية – لكان وضع البحرين جراء الأحداث الأخيرة صارت في اتجاه لا يُشتهى من قبل الحكومة هناك ولكن أجزم أن بعضاً من الشيعة الذين استوعبتهم حكومة البحرين في أجهزتها من وزراء ووكلاء وبرلمانيين وقضاة وسفراء كان لهم دور في تهدئة الشارع البحريني واستيعابه.

(عمان) أما بالنسبة لشيعة عمان فهم الأكثر اندماجاً منذ عقود ، وتشكل علاقتهم بالحكومة واندماجهم في الوضع الاجتماعي والسياسي مثالاً ونموذجاً طيباً يحتذى ، فلهم ما لغيرهم ، وعليهم ما على غيرهم ، منهم السفراء والوزراء والمسؤولون من الدرجة الأولى.

(السعودية) بشيء من الجرأة والصراحة: كم أُعجب الشيعة في السعودية والمثقفون والوطنيون بالقرار الذكي الذي تم بموجبه تعيين الدكتور جميل الجشي سفيراً للمملكة في إيران ، وهو أول

سفير سعودي من الطائفة الشيعية يعيّن في هذا المنصب.. وأين ؟ في طهران!

وقد أشار وأشاد بهذه المبادرة الكاتب والمفكر السعودي الدكتور تركي الحمد في صحيفة الشرق الأوسط في عددها (7586) الصادر في تاريخ 5/ 9/ 1999م. والأستاذ داود الشريان في عموده بصحيفة الحياة في أحد أعدادها ؛ مدركين بعمق معاني المبادرة وتأثيرها على مشاركة الشيعة في الحياة العامة في المملكة.

وخلاصة القول أياً كان سبب هذه المشكلة فإن هناك أرضية مهيأة واستعداداً واضحاً لفسح المجال أمام الشيعة العرب في سائر الأقطار وأكثر من أي وقت مضى لأداء دور طبيعي والمشاركة في الحياة العامة بكل إيجابية. وواضح ما يجري الآن في لبنان ومشاركة الشيعة في الشأن اللبناني العام بروح وطنية تسمو على الطائفية. ولكن ليس مطلوباً من المرء التخلي عن هويته أو مذهبه الذي ولد وترعرع في كنفه ، لكن من حق وطنه عليه أن يكون ولاؤه له لا لسواه ، ولا تناقض بين الاثنين بل هما صنوان لا يفترقان.

يقول الأستاذ الشيخ حسن الصفار ، وهو رجل دين وسياسي شيعي من السعودية ، في كتابه: "الوطن والمواطنة"، ص 49:

"ما دام الوطن للجميع والخطر والخير للجميع أيضاً، فهذا الشعور المشترك بالخير والخطر، يجب أن يجعل الجميع في حالة تعاون دائم لدرء الخطر والعمل من أجل حصد الخير والمكاسب الحسنة، ومن السخف بمكان أن يؤدي اختلاف الرأي أو اختلاف المذهب أو اختلاف التوجه، للانقسام والصراع داخل البلد الواحد، وهو خلاف للدين والعقل، فالدين والعقل يدعوان للتعاون ولتضافر الجهود من أجل الخير، كما يدعوان أيضاً إلى التوحد والوحدة، ما دام هناك سبب مشترك، وحتى لو لم يكن هناك عقيدة كاملة مشتركة في كل التفاصيل، فالاشتراك في الأرض الواحدة والوطن الواحد لابد أن يخلق علاقة طيبة وإيجابية.. والحكومات الواعية المخلصة لمصلحة الوطن ووحدته، هي التي يجب أن تعزز من شأن التعاون والوحدة بين المواطنين، تدعيماً لأمن الوطن من الخلافات الداخلية، ولاستقراره الدائم، الذي ينعكس على عزة ونمو البلد ورفعته وتقدمه، ورد في الحديث: "خير الولاة من جمع المختلف، وشر الولاة من فرق المؤتلف".

ويضيف الشيخ الصفار:

"الأوطان تعز بأبنائها، وتتقدم بهممهم وسواعدهم، فإذا ما تحرك أبناء الوطن وتفجرت طاقاتهم المبدعة، وكفاءاتهم العالية وخدموا وطنهم فلابد أن يتقدم الوطن ويعلو شأنه، أما

إذا بخل أبناء الوطن، وتخلفوا عن ذلك، فسيؤدي ذلك التخلف، إلى التأخر والانحدار على المستويين الخاص والعام. فالواجب يحتم أن يتقدم الإنسان بعمله، لأجل أن يتقدم بلده ووطنه في شتى المجالات، فالعالم لابد أن يظهر علمه ويعمل به من أجل خدمة وطنه وأبناء وطنه، والتاجر وصاحب المال لابد وأن يستثمر أمواله وثروته لصالح بلده ووطنه".

وقد دعا الإمام محمد مهدي شمس الدين – رئيس المجلس الإسلامي الشيعي الأعلى في لبنان وأحد زعماء الشيعة العرب في مقابلة له مع مجلة الشمس في عددها رقم 50 الصادر في شباط 1996م – الشيعة في الخليج للاندماج في أوطانهم. ودعوته هذه إنما هي بمعنى التأكيد على حقيقة قائمة لا مناص منها.

إن ما يقال عن علاقة بين الشيعة العرب ودول أجنبية وتحديداً إيران لا يتعدى العلاقة الدينية المذهبية للشيعة في مسائل الدين والعقيدة والفتوى بحكم وجود الثقل المرجعي في إيران وكذا في العراق.

وللعلم فقد كان شيعة الخليج إلى عقود قريبة يرجعون في الفتوى والمسائل الشرعية إلى علماء ومجتهدين محليين دون الحاجة للاتصال في هذا الشأن وغيره بالخارج، بعكس ما هو عليه الحال الآن. وكان آخر أولئك المراجع الكبار آية الله العظمى الشيخ محمد أمين زين البحراني الأصل والمقيم في العراق والذي

توفي عام 1998م. وقد كان مقلداً من قبل شريحة من سكان الخليج.

هذا الانتقال كان بسبب اضمحلال الحركة العلمية في المنطقة لأسباب عديدة ليس هنا محل ذكرها.

إذن العلاقة مع إيران هي في هذه الحدود ، وهي حدود مقبولة ، ولا ينبغي تحميلها أكثر من حجمها ، ولا ينبغي أن تشكل حساسية أو حرجاً للحكومات العربية. وينظر إليها بعين موضوعية لا بعين سياسية تشوبها الريبة والسكنى الأمنية.

كما ينبغي الاعتراف بدور الشيعة الناشطين السياسيين منهم ، خاصة أولئك الذين يلعبون دوراً في تحسين الأوضاع وتقوية العلاقة الإيجابية والمتوازنة مع حكوماتهم.([21])

---

([21]) هوية الشيعة في العالم العربي: مداخلة وتعليق – محمد باقر النمر موقع مجلة الواحة – 24 /2 /2011 – الرابط:

http://www.alwahamag.com/?act=sec&id=15&p=6

## الإسلام السياسي بنسختيه السنية والشيعية

2013 /7/ 21

ماهر أبو طير

الغرب كان يخشى بشدة من الإسلام السياسي ، بنسخته الشيعية ، وبعد أن وفّر مساحة واسعة للإسلام السياسي بنسخته السنية حتى يتمدد ، ولتوظيفه ضد النسخة الشيعية ، بات اليوم ، يحارب الجهتين ، ويستهدف الاتجاهين ، متراجعاً عن فكرة توظيف واحد ضد آخر.

الإسلام السياسي بنسخته الشيعية يرفع شعاراً دينياً ، والذي يمثله تحالف إيران وسورية وحزب الله ، باعتباره حزباً مقاوماً ، داعماً وسنداً لكل سلسلة الإسلام الشيعي ، في هذه المنطقة.

الإسلام السياسي بنسخته السنية أيضاً ، يمثله تحالف قطر وتركيا ومصر في مرحلة مرسي ، بالإضافة إلى جماعة الإخوان المسلمين ، والشراكات السياسية للجماعة في دول مثل المغرب وتونس ، مع وجود حركة مقاومة داعمة في الظلال ايضاً ، أي حركة حماس.

التخطيط الغربي في مرحلة مبكرة وأمام مخاطر الإسلام السياسي الشيعي ، ووجود طهران على رأس المعسكر ، باعتبارها

دولة إقليمية كبرى عجمية – غير عربية – انتج نموذجاً مشابهاً حتى يصطدم بهذا النموذج ، فكانت تركيا باعتبارها دولة اقليمية كبرى عجمية – غير عربية – ولها جذور في المنطقة ، قابلة لأن تكون حاضنة سياسية سنية وخلفها سلسلة تحالفات لمواجهة الإسلام الشيعي ومخاطره.

استمر هذا الصدام الذي تم إنتاجه لسنوات ، وما زال مشتعلاً ، وأدى إلى اقتتال مذهبي ، وانقسام في المنطقة بين إسلاميين سياسيين مذهبيين.

الواضح اليوم ، أن عواصم كبرى ، تخلت مؤخراً عن الدور الوظيفي للاسلام السياسي السني ، في مواجهة الإسلام السياسي الشيعي ، نحو مبدأ جديد يقول إنه لابد من مواجهة الاسلام بنسختيه المذهبيتين ، خصوصاً ، أن التقييمات ترى أن الصدام المفتوح بين النموذجين قد يؤدي في نهاية المطاف إلى تهديد مصالح الغرب في المنطقة ، والخليج العربي.

هذا يفسر بكل بساطة ، لماذا انقلبت البوصلة الغربية من التصفيق لانجازات الإسلاميين في مصر والمغرب وتونس ، وغيرها من دول ، لأن التصفيق كان وظيفياً لتعظيم دور هذا المعسكر في وجه الآخر ، فيما بدأت اليوم عملية تفكيك سريعة لهذا المعسكر ، بعد انتهاء دوره الوظيفي ، وحسبة مخاطره وطموحاته أيضاً ، باعتباره موقظاً للدين في الناس ، ووريثاً غير مطلوب استراتيجياً.

هذا يفسر مباركة سقوط مرسي ، ويفسر سقوط وزراء في حكومة المغرب في ذات التوقيت ، ويفسر أيضاً الحملة ضد

أردوغان في تركيا ، والمؤكد أن عملية تفكيك معسكر الإسلام السياسي السني بدأت للتو ، بعد انتهاء الدور الوظيفي .

عملية التفكيك تأتي ، مع تراجع الحاجة إلى الإسلام السياسي السني ، بعد الأضرار الفادحة التي لحقت بحلقة مهمة في معسكر الإسلام السياسي الشيعي ، أي النظام السوري ، الذي يتداعى وكل الدولة السورية ، وبالطبع تعرفون أن النظام السوري ليس دينياً ، غير أنه جزء من معسكر مصبوغ بشعار ديني في طهران ، إضافة إلى الأضرار التي لحقت بحزب الله ، إثر تورطه في الأزمة السورية .

للإسلام السياسي الشيعي زعيم ومرشد ، والزعيم هو رئيس الدولة الإيرانية ، والمرشد خامنئي ، وللإسلام السياسي زعيم ومرشد أيضاً ، والزعيم اردوغان أو مرسي ، والمرشد هنا مرشد جماعة الإخوان المسلمين ، وهي ثنائية ― الزعيم والمرشد ― المنسوخة بطريقة غريبة ..!

للإسلام السياسي الشيعي حركة مقاومة تدور في فلكه ، حزب الله ، وللإسلام السياسي السني ، حركة مقاومة تدور في فلكه أيضاً ، حماس .

مخاطر الاسلام السياسي الشيعي ، أنتجت الإسلام السياسي السني الحالي عبر الربيع العربي ، وجعلت الغرب يغمّض عينه عن توسع المعسكر السني ، لهدم الأول ، واليوم وبعد أن اختلفت الحسبة الاستراتيجية ، وباتت الأخطار بنظر الغرب وإسرائيل مختلفة ، من حيث يقظة تيارات دينية متطرفة ، ونزوع كل المنطقة إلى حرب دينية ، وتهديد مصالح الغرب ، فإن المؤكد

أن ذات الغرب قرر بدء تفكيك معسكر الإسلام السياسي السني ،
بعد أن نجح إلى حد كبير في إضعاف معسكر الإسلام السياسي
الشيعي.

هذا يقول ، أننا أمام تصفية للإسلام السياسي بنسختيه
الشيعية والسنية ، وأن مرحلة التصفيات مقبلة ، تمهيداً لمرحلة
إعلان المنطقة ضمن شكل جديد ، يريح إسرائيل ، كلياً ، ويجعلها
قلب المنطقة ، بلا منازع ، بعد تصفية كل الخصوم ، ومنحها لاحقاً
شرعية وبركة العرب والمسلمين ، بعد انتهاء السباق.

لا يمكن للإسلام السياسي بنسختيه الشيعية والسنية أن
يتحالفا ، لأن كل نسخة تفيض بكراهية الآخر ، ونبذه عقائدياً
ودينياً وفكرياً ، وهذا النبذ المتبادل ممتد من إدارات الدول إلى
القاعدة الشعبية ، والواضح أن سياسة الغرب وإسرائيل قامت على
شعار يقول إن هدم أي فكرة دينية-سياسية بحاجة إلى فكرة دينية
— سياسية ، من ذات الطينة ، وهو ما حصل فعلاً ، فوق الاتكاء
على موروث العداوة التاريخية.

الإسلام السياسي بنسختيه الشيعية والسنية ، تحت
المطارق ، فيما إبداع الإسلام السياسي السني بمحاربة معسكر
الإسلام السياسي الشيعي ، والرغبة بإحلاله عوضا عنه ، رغبة ثبت
أن الغرب لن يسمح بها استراتيجياً ، وإن سمح بها وظيفياً وبشكل
مؤقت.

الإسلام السياسي في المنطقة عند السنة والشيعة ، في طريقه الى الزوال ، بعد مرحلة الاصطدام والمواجهة.([22])

---

([22]) الإسلام السياسي بنسختيه السنية والشيعية – ماهر أبو طير – مقال – جريدة الدستور الأردنية – 21 /7/ 2013 – الرابط :

http://www.addustour.com/16918/%D8%A7%D9%84%D8%
A5%D8%B3%D9%84%D8%A7%D9%85+%D8%A7%D9%84%D8%
B3%D9%8A%D8%A7%D8%B3%D9%8A+%D8%A8%D9%86%D8%
B3%D8%AE%D8%AA%D9%8A%D9%87+%D8%A7%D9%84%D8%
B3%D9%86%D9%8A%D8%A9+%D9%88%D8%A7%D9%84%D8%
B4%D9%8A%D8%B9%D9%8A%D8%A9.html

## كيف ظهر الإرهاب الشيعي والإرهاب السني؟

حينما نتحدث عن قضية عالمية كقضية الإرهاب فإننا لسنا بحاجة للتذكير ببعض البدهيات ؛ أن الإرهاب لا مذهب له ، ولا طائفة له ، بل له أيديولوجيا واحدة ومنظومة فكرية متشابهة ومتشابكة. وعلى مدى سنواتٍ من الكتابة والبحث والتحليل كتبت عشرات المقالات التي انتقدت التطرف السني وتناولت تنظيم القاعدة.

ولكن ، ومع الأحداث الإرهابية وجرائم الاعتداءات واستهداف رجال الأمن وأمن هذا الوطن واستقراره والتي صدرت من البعض في القطيف والعوامية هناك من حاول أن يوهم بعض ممن انطوت عليهم خديعة الطائفية وحاول أن يُجزّئ موقف الأمن طائفياً ، وكأنما تناسى أو حاول عبثاً أن يُغيّب عن الناس كل جهود المملكة وأجهزتها الأمنية على مدى أكثر من عقد من الزمان في مكافحة الإرهاب والقضاء على تنظيم القاعدة وقادته من السنة.

إلا أن الباحث والمستبصر يدرك أن "**الإسلام السياسي الشيعي**" هو صنو الإسلام السياسي السني ، بل إن الثورة الإيرانية كانت سبباً من أسباب تشظي الحالة الإسلامية ونزوعها نحو المشاريع السياسية وتشجيعها على ممارسة العنف ، لهذا لا عجب أن ترعى إيران حركات الإسلام السياسي السني كما فعلت مع

القاعدة وإيوائها لقاداتها، لأن المشروع واحد وإن اختلفت بعض الأفكار والأيديولوجيات والأولويات.

لا شك أن المنطقة تمر بمرحلة عالية الغليان، بسبب تحول الطائفية إلى هواء تتنفسه بعض المجتمعات، وإذا رجعنا إلى تاريخ بث الطائفية وبعثها من مرقدها سنجد أن وصول الإسلاميين إلى الحكم في إيران هو الشرارة التي أشعلت الفتيل.

لم تكن المنطقة الخليجية ذات بعدٍ طائفي وهذا واضح لمن درس التاريخ الذي سبقنا منذ عقود سيعثر على نماذج من التعايش والجيرة بين البيوت والتكافل الاجتماعي والأسري والصلاة بأرضٍ واحدة. إلا أن بعث التسييس المذهبي من الرماد كان هو الأساس الذي أجّج الطائفية وأعاد بعثها وترسيخها من جديد.

ولاشك أن التطرف الإيراني المذهبي الذي يدعم من السياسة كان له الأثر البالغ في تأجيج الناس على بعضهم البعض. ومن يتصفح أي كتابٍ للتاريخ في الخليج قبل عقدين سيجد أن التعايش كان هو سيّد الموقف، بل لم يكن يعرف الجار أن جاره شيعي، ولم يكن الجار الشيعي يعرف أن جاره من السنة، كانت الغلبة لحسن الظنّ والأخوة والمحبة والوئام.

والمجتمعات التي تنتشر فيها الطائفية تحتاج كثيراً إلى العمل الفعلي للتعايش لا مجرد الكلام. بعض الرموز الذين دعوا إلى التعايش في فترةٍ مضت سرعان ما عادوا إلى مربعاتهم الأولى من التنابز بالألقاب ومن التحريض على الآخر، بل ومن الشتم.

برصد أي موقع إليكتروني أو التعليقات على مواقع التواصل الاجتماعي سنعثر على أساليب من الشتائم والتسويق للكراهية العلنية بشكلٍ لم يسبق له مثيل. إيران لم يكن لها أن تتمدد في الخليج نسبياً من دون الكراهية الطائفية، ولنعد إلى مفهوم «تصدير الثورة» إذا درسناه حقاً سنجد أنه يعني تحريض أهل المذاهب الأخرى على الالتحاق بهم، ومن لم يلتحق فهو من الخاسرين والخائبين، بل ومن المقموعين في البلدان.

إيران تدعي أن هناك مظلوميات في العالم العربي ضد الشيعة، ونسيت المظلوميات الخطيرة والكارثية التي تمارس في إيران ضد أهل السنة. والتطرف أساساً هو الخطأ الفاضح أن ينشر بأي مجتمعٍ من المجتمعات. إيران تضع عبء انتشار الطائفية على غيرها بينما تشجّع كل ما يعزز الطائفية. بل وتدعم الحركات السنية في العالم العربي والخليج التي تدور في فلك المؤامرة السياسية أو التخطيط للانقلاب السياسي. التصدير للثورة لا يمكنه أن يكون إلا بإطار طائفي، لأن الثورة الإيرانية ثورة طائفية وليست إنسانية كما يقال في بعض التصريحات والتحليلات.

والمسؤولية على أرباب الإعلام وأهل العلم والمعرفة والتفكير وعلى الأكاديميين من كافة الأطراف ألا يطرح التعايش على أنه من اللغو اللفظي بل لابد من التفاعل مع العالم وممارسة التعايش كخيار إنساني واجتماعي يحقق الأمن الوطني.

ولنا في الأمم الأخرى التي تحاربت فيما بينها ثم تآلفت خير مثال.

إذا أردنا أن نكون مواطنين حقيقةً بكل إنسانيتنا الراقية فعلينا أن نتعامل مع بعضنا كأفرادٍ لا كأعضاء في طائفة ، هنا يكون الثراء للوطن والذات والمجتمع ، وهذه ليست وصفة صعبة لكنها تحتاج إلى جهدٍ كبير ، فهل نحن مستعدون ؟!([23])

([23]) كيف ظهر الإرهاب الشيعي والإرهاب السني ؟ - بينة الملحم – مقال –
جريدة الرياض – 20 / 10 / 2014 – العدد 16919 – صفحة رقم 28

## الإسلاميون المستقلون.. والقرضاوي والمسألة الشيعية

### د. وحيد عبد المجيد

معاركنا السياسية وامتداداتها في الفكر والدين والمجتمع بدائية أو عشوائية أو مزيج منهما. الاتهام والصخب والضجيج فيها أكثر من النقاش والدرس والتعقل.

وفيها من الإخفاء والكتمان أكثر من البوح والشفافية ومن الخوف والتخويف أكثر من الإقدام وتقوية العزائم.

وينطبق ذلك علي المعركة التي أعقبت حديث الفقيه الكبير الشيخ يوسف القرضاوي عما اعتبره مدا أو تبشيراً شيعياً، وما يقترن به من تجديد الخلاف المذهبي في عصر جديد.

بدأت المعركة بجدل حاد أثارته ردود فعل عنيفة لفظياً بثتها وكالة أنباء إيرانية، وأخري أقل عنفاً علي لسان اثنين من كبار علماء الشيعة. ورد القرضاوي عبر بيان قوي في مضمونه، ولكنه حاد بدوره في لغته. وعندما تحتد الكلمات يضيع المعني، أو يكاد. ولم تلبث المعركة أن انتقلت إلي داخل الوسط الإسلامي السني، وأظهرت جدلاً واسعاً يصل إلى حد التناقض تجاه ما أثاره القرضاوي.

لم يكن الأمر مفاجئاً لأن الخلاف عميق بين جماعات الإسلام السياسي السني. ولكن ما قد يبدو غير متوقع هو موقف

بعض من أبرز من تجمعهم بالفقيه الكبير قواسم مشتركة لا يستهان بها. وليس الخلاف معه هو ما يثير الاستغراب، وإنما سعيهم كل بطريقته إلى غلق الموضوع.

فقد بدوا قلقين أشد القلق مما يظنونه فتنة لابد أن تكون ماثلة في أي مناقشة للموضوع بالرغم من أنهم من أهل الحوار الموضوعي ومن أنصار قاعدة عدم الافراط أو التفريط.

ولكن الافراط في الخوف من فتنة يعاني المسلمون ما هو أشد منها وأخطر يخالف مبادىء الحوار والمجادلة بالتي هي أحسن والشفافية التي يدعون إليها. كما أن التفريط في فرصة لمناقشة خلاف بهذا الحجم قد يؤدي إلي تفاقمه.

ولذلك بدا المشهد عقب حديث القرضاوي مخيفا فعلا ليس لما قاله, سواء أصاب أو أخطأ, ولكن بسبب هذا الميل الغالب إلي غلق الموضوع, بدلاً من السعي إلي استبدال حوار هادىء عاقل بالجدل الصاخب الذي أثار قلقاً أو خوفاً.

لقد نكأ القرضاوي جرحاً لا يمكن علاجه إلا بفتحه. أما (غلق الملف بغير إبطاء), علي نحو ما دعا إليه أستاذنا د. كمال أبو المجد, فمثله كمثل ترك الجرح إلي أن يسمم الجسد فيفتك به.

وحتي إذا كان الأطباء المفترض أن يعالجوا الجرح غير مؤهلين في اللحظة الراهنة, فالضرورة تفرض السعي والمحاولة إذا كان تركه أخطر من أي خطأ في معالجته.

غير أنه لا يمكن القول باطمئنان إن الساحة خلت كليا لغير المؤهلين ومن تنقصهم الحكمة والرؤية. فعلي كثرة من لا

يصلحون لحوار جاد موضوعي في قضايا كبري, ومن لم يؤهلوا إلا للخوض في صغائر الأمور, أو لتصغير ما كبر منها, ما زالت هناك قلة ممن يقدرون علي إدارة حوار يرتفع إلي مستوي التحدي الماثل في القضية التي طرحها القرضاوي.

ويستطيع هؤلاء — ومنهم من دعوا إلي غلق الملف — أن يفعلوا ذلك من دون انتظار تمهيد ومصارحة تحدث عنهما بعضهم. فالحوار الجاد يبدأ حكماً بتمهيد يكون جزءاً لا يتجزأ منه, وليس فعلاً سابقاً عليه ومنفصلاً عنه. ولا يكون مثل هذا الحوار موضوعياً ومجدياً، إلا إذا قام علي مكاشفة في ثناياه, وليس في أفق سرمدي غير ملموس.

ومن شأن هذه المكاشفة أن تعيننا علي أن يعذر بعضنا بعضاً خلال الحوار بشكل واقعي, بدلاً من أن نحلم بمثل ذلك فيما اختلفنا فيه ونأينا به عن الحوار.

فلا يعذر الناس بعضهم إلا إذا فهم أحدهم الآخر, أو سعي إلي ذلك. ولا يتأتي مثل هذا الفهم المتبادل من دون حوار لا سبيل إليه إلا بفتح الملف, وليس غلقه. ففي غياب الحوار, وفي ظل غلق الملف, يزداد سوء الفهم فيقل الاستعداد للفهم المتبادل أو يتلاشي.

ويحدث ذلك حتي بين من هم إلي بعضهم البعض قريبون, كما ظهر في الخلاف بين القرضاوي وبعض الإسلاميين المستقلين الذين تربطهم به صلات وثيقة. ولا يقتصر هذا الخلاف علي فتح الملف أو غلقه, وإنما يمتد إلي منهج معالجة المسألة

الشيعية, وخصوصاً فيما يتعلق بالنظرة الكلية في مقابل الميل إلي التجزئة.

فهذه المسألة لا يجدي الحوار فيها إلا إذا عولجت باعتبارها مسألة كلية مركبة تضم مكونات مذهبية وسياسية. فهي ليست قضية شيعة وسنة فقط, ولا موضوع مقاومة أو تهاون فحسب.

وكلما اشتد الميل إلي تجزئتها أنتج معالجات قاصرة تنذر بتفاقم الخلاف مذهبياً وسياسياً وعلي كل صعيد.

فهذه التجزئة تخلق صورتين للخلاف في كل منهما من الخيال أكثر مما فيها من الحقيقة. في إحدي الصورتين يبدو الخلاف كما لو أنه امتداد مبسط للانقسام التاريخي الذي بدأ بعد معركة كربلاء, وكأن 14 قرناً مضت هي مجرد فاصل تاريخي. وعندئذ يعظنا البعض بأن تحديات العصر لابد أن تحظي بأولوية علي هموم التاريخ. وهذا وعظ فارغ لأن الخلاف المذهبي العائد الآن يكتسب مضموناً جديداً تماماً يرتبط بصراع إقليمي .دولي علي مستقبل الشرق الأوسط.

وفي الصورة الثانية, يبدو الخلاف كما لو أنه محصور بين مقاومين أو ممانعين ومتخاذلين أو متهاونين. وما دام بين الشيعة والسنة من هؤلاء وأولئك, فلا صراع مذهبياً هنالك ولا يحزنون. وهذه الصورة ليست طبق الأصل من الواقع, ولا هي قريبة منه, لأن المشروع الإقليمي الإيراني ليس مقاوماً، إلا بمقدار ما يخطيء من يقاومهم فهمه. وقد كثرت أخطاؤهم وفاضت علي مدي نحو ثماني سنوات. ولكن إذا فهموه جيداً, سيساومون أصحابه لاقتسام النفوذ في المنطقة.

ولأننا نغفل ذلك, تشتد حيرتنا في تفسير بعض ما يحدث في العراق, وخصوصا سياسة إيران وتحالفاتها منذ الغزو الأمريكي.

والحال أن المسألة الشيعية الراهنة مركبة علي نحو يجعل تجزئتها مؤدية إلي تبسيط قد ينطوي علي أخطار أعظم بكثير من كل ما يحذر منه الداعون إلي غلق ملفها خوفا علي الأمة من أن يتفكك كيانها.([24]).

---

([24]) الإسلاميون المستقلون.. والقرضاوي والمسألة الشيعية – د. وحيد عبد المجيد – جريدة الأهرام المصرية – العدد 44500 – 7/ 10/ 2008.

## قائمة المواد الواردة بالجزء الثالث:

= الإسلام السياسي السعودي الشيعي(1) — محمد الشيوخ — موقع مؤسسة النور للثقافة والإعلام — 9/ 5/ 2013 — الرابط:

http://www.alnoor.se/article.asp?id=199994

= الإسلام السياسي السعودي الشيعي(2): تيار الاصلاح الوطني نموذجاً — محمد الشيوخ 17/ 5/ 2013 — موقع مؤسسة النور للثقافة والإعلام — الرابط:

http://www.alnoor.se/article.asp?id=200914

= الإسلام السياسي السعودي الشيعي(3): تيار الإصلاح الوطني نموذجاً — محمد الشيوخ 17/ 5/ 2013 — موقع مؤسسة النور للثقافة والإعلام — الرابط:

http://www.alnoor.se/article.asp?id=200914

= "الأصولية الشيعية الحركية".. اليقظة من "الأوهام" النضالية — محمد جزائري — مقال — جريدة الشرق الأوسط اللندنية — 27/ 10/ 2014 — الرابط:

http://www.aawsat.com/home/article/209186/%C2
%AB%D8%A7%D9%84%D8%A3%D8%B5%D9%88%D
9%84%D9%8A%D8%A9-
%D8%A7%D9%84%D8%B4%D9%8A%D8%B9%D9%8
A%D8%A9-
%D8%A7%D9%84%D8%AD%D8%B1%D9%83%D9%8
A%D8%A9%C2%BB-
%D8%A7%D9%84%D9%8A%D9%82%D8%B8%D8%A

9-%D9%85%D9%86-
%C2%AB%D8%A7%D9%84%D8%A3%D9%88%D9%87
%D8%A7%D9%85%C2%BB-
%D8%A7%D9%84%D9%86%D8%B6%D8%A7%D9%84
%D9%8A%D8%A9

= الإسلام السياسي والعنف – علي العبد الله – مقال – جريدة الجمهورية الإليكترونية – 12/ 11/ 2013 – الرابط:

http://aljumhuriya.net/22108

= ابن حميد": المنهج السلفي غير مسؤول عن أخطاء بعض المنتسبين إليه تقرير – موقع سبق الإخباري – 2/ 2/ 2014 – الرابط:

http://sabq.org/kvRfde

= أهمية تسائلات التنوير لمدارس الإسلام السياسي – الشيخ غيث التميمي الكاظمي – مقال – جريدة المدى العراقية – 24/ 9/ 2014 – الرابط:

http://www.almadasupplements.com/news.php?action=view&id=11021

= فرصة للإصلاح أم منزلق لتهديد الأمن؟ - محمد الرميحي – مقال – مجلة الدوحة الثقافية – 22/ 11/ 2012 – الرابط:

http://www.aldohamagazine.com/article.aspx?n=2821c630-b0b0-4a90-9aa3-9a7b9e12e471&d=20121101#.UK4D24dwe8B

= ولاية الفقيه.. الإشكالات والمآخذ – مقال – حيدر الجراح – موقع شبكة زوايا المعلوماتية – الرابط:

http://www.zawyah.org/2014/09/blog-post_92.html

= الشيعة والسياسة في الشرق الأوسط – لورنس لوير – ترجمته عن الفرنسية نور القيسي – موقع مؤسسة مدراك لدراسة آليات الرقي الفكري – 26/ 9/ 2011 – الرابط:

http://www.madarik.org/News_Details.php?ID=21
0

= جدل الدنيوي والمقدس ثقافياً – يوسف محسن – مقال – جريدة البيان العراقية – العدد 1532 – 8/ 12/ 2014 – الرابط:
http://albayaniq.com/?p=10378

= الإسلام السياسي في الخليج خطاب الأزمات والثورات – دراسة – عمر البشير الترابي – الموقع الإليكتروني لمركز المسبار للدراسات – 16 /9 /2013 – الرابط:
http://www.almesbar.net/%D8%A7%D9%84%D8
%A5%D8%B3%D9%84%D8%A7%D9%85-
%D8%A7%D9%84%D8%B3%D9%8A%D8%A7%D8%B
3%D9%8A-%D9%81%D9%8A-
%D8%A7%D9%84%D8%AE%D9%84%D9%8A%D8%A
C-%D8%AE%D8%B7%D8%A7%D8%A8-
%D8%A7%D9%84%D8%A3%D8%B2%D9%85%D8%A
/7

= فالح عبد الجبار: يوم نطَق شيعة العراق – نوال العلي – مقال – جريدة الأخبار اللبنانية – العدد ١٠٨٧ - ٩ /4/ ٢٠١٠ – الرابط:
http://www.al-akhbar.com/node/53162

= رشيد الخيون: الإسلام السياسي في تراجع والأحزاب الإسلامية التي أظهرت بعض الانتصارات في الانتخابات البرلمانية في دولها إنما فعلت ذلك لأنها قدمت برامج وطنية – موقع مركز الدين والسياسة للدراسات – نقلاً عن مجلة المجلة اللندنية – 3/ 2/ 2011 – حوار أجراه: حسين عبد الحسين – الرابط:
http://www.rpcst.com/news.php?action=show&id=
2096

= إيران والإسلام السياسي في "أنثروبولوجيات الإسلام" – مقال – د. شاكر النابلسي – الموقع العربي لصوت ألمانيا (دويتش فيله) – 27 / 7 / 2012 – الرابط:

http://www.dw.de/%D8%A5%D9%8A%D8%B1%D8%A 7%D9%86-

%D9%88%D8%A7%D9%84%D8%A5%D8%B3%D9%84

%D8%A7%D9%85-

%D8%A7%D9%84%D8%B3%D9%8A%D8%A7%D8%B 3%D9%8A-%D9%81%D9%8A-

%D8%A7%D9%86%D8%AB%D8%B1%D9%88%D8%A 8%D9%88%D9%84%D9%88%D8%AC%D9%8A%D8% A7%D8%AA-

%D8%A7%D9%84%D8%A5%D8%B3%D9%84%D8%A 7%D9%85/a-16128249

= فالح عبد الجبار في "العمامة والأفندي: مقاربات النموذج الطائفي في الدولة القومية – نظام مارديني – جريدة المستقبل اللبنانية – 12 / 4 / 2010 – العدد 3621 – صفحة 20.

= إصدارات جديدة: العمامة والافندي: سوسيولوجيا خطاب وحركات الاحتجاج الديني – فالح عبد الجبار – عرض: حيدر الجراح – شبكة النبأ المعلوماتية – 25 / 7 / 2012 – الرابط:

http://www.annabaa.org/nbanews/2012/07/307.ht

m

= ملاحظات على الإسلام السياسي "الشيعي" (1 من 2) – عبد الله الغذامي – مقال – جريدة الحياة الندنية – ١٤ / 4 / ٢٠١٤ – الرابط:

http://alhayat.com/Articles/1787238/%D9%85%D 9%84%D8%A7%D8%AD%D8%B8%D8%A7%D8%AA-

%D8%B9%D9%84%D9%89-

%D8%A7%D9%84%D8%A5%D8%B3%D9%84%D8%A

7%D9%85-
%D8%A7%D9%84%D8%B3%D9%8A%D8%A7%D8%B
3%D9%8A--
%D8%A7%D9%84%D8%B4%D9%8A%D8%B9%D9%8
(A--(1-%D9%85%D9%86-2

= ملاحظات على "ملاحظات الإسلام السياسي الشيعي" للغذامي – جعفر الجمري – مقال – صحيفة الوسط البحرينية – العدد: 4254 – 1/ 5/ 2014 – الرابط:

http://alwasatnews.com/4254/news/read/88
1202/1.html

= هل هناك "هوية شيعية" في العالم العربي ... وكيف يمكن تذليل مشكلات الاندماج؟ – حازم صاغية – جريدة الحياة اللندنية – 3/ 7/ 2000 – رقم العدد: 1362 – ص 10.

= هوية الشيعة في العالم العربي: مداخلة وتعليق: محمد باقر النمر – موقع مجلة الواحة – 24 /2 /2011 – الرابط:

http://www.alwahamag.com/?act=sec&id=15&p=6

= الإسلام السياسي بنسختيه السنية والشيعية – ماهر أبو طير – مقال – جريدة الدستور الأردنية – 21 /7/ 2013 – الرابط:

http://www.addustour.com/16918/%D8%A7%D9
%84%D8%A5%D8%B3%D9%84%D8%A7%D9%85+%D
8%A7%D9%84%D8%B3%D9%8A%D8%A7%D8%B3%
D9%8A+%D8%A8%D9%86%D8%B3%D8%AE%D8%A
A%D9%8A%D9%87+%D8%A7%D9%84%D8%B3%D9%
86%D9%8A%D8%A9+%D9%88%D8%A7%D9%84%D8
%B4%D9%8A%D8%B9%D9%8A%D8%A9.html

= كيف ظهر الإرهاب الشيعي والإرهاب السني؟ - بينة الملحم – مقال – جريدة الرياض – 20 /10 / 2014 – العدد 16919 – صفحة رقم 28.

= الإسلاميون المستقلون.. والقرضاوي والمسألة الشيعية – د. وحيد عبد المجيد – جريدة الأهرام المصرية – العدد 44500 – 7/ 10 / 2008.

www.ingramcontent.com/pod-product-compliance
Lightning Source LLC
Chambersburg PA
CBHW061958280526
45787CB00005B/1918
*9781505627183*